高职教育与外语教学问题研究

孟凡飞 著

吉林科学技术出版社

图书在版编目（CIP）数据

高职教育与外语教学问题研究 / 孟凡飞著. -- 长春：
吉林科学技术出版社，2019.12
ISBN 978-7-5578-4989-4

Ⅰ．①高… Ⅱ．①孟… Ⅲ．①英语－教学研究－高等
职业教育 Ⅳ．①H319.3

中国版本图书馆CIP数据核字(2019)第294846号

高职教育与外语教学问题研究

著	孟凡飞	
出 版 人	李 梁	
责任编辑	孙 默	
装帧设计	陈 雷	
开 本	787mm×1092mm 1/16	
字 数	87千字	
印 张	6.75	
版 次	2020年4月第1版	
印 次	2020年4月第1次印刷	

出 版	吉林科学技术出版社	
发 行	吉林科学技术出版社	
地 址	长春市龙腾国际出版大厦	
邮 编	130021	
发行部电话/传真	0431-85635177 85651759 85651628	
	85677817 85600611 85670016	
储运部电话	0431-84612872	
编辑部电话	0431-85635186	
网 址	www.jlstp.net	
印 刷	三河市元兴印务有限公司	

书 号	ISBN 978-7-5578-4989-4	
定 价	60.00元	

目　录

第1章 高职院校外语教育问题研究

1.1 欧洲语言共同参考框架对我国职业教育外语教学的启示

摘要：欧洲语言共同参考框架(Common European Framework of Reference，简称 CEFR)自 21 世纪初推出后，不仅在欧洲，而且在世界范围内引起了巨大反响。本文从行动导向的学习理念、灵活详细的等级分类、鼓励多元文化的学习内容等多个方面，分析了欧洲语言共同参考框架给中国职业教育的外语教学带来的启示。

关键词：欧洲语言共同参考框架，职业教育，外语教学，启示

1.1.1 《欧洲语言共同参考框架》简介

欧洲使用的语言多达 100 多种，给国家之间的交流带来诸多不便。随着现代欧洲整体发展，人员流动自由日趋增强，以及日益增多的国际合作，欧洲理事会与 1982 年和 1998 年分别制定了旨在实现"成员国间更加紧密的团结"的语言政策建议。1991 年，在瑞士政府倡议下，欧洲召开专题会议，并决定制定一个适用于各个层次外语教学的欧洲框架性标准。最终，经过二十多年研究，详尽、透明和缜密的标准于 2001 年推出《欧洲语言共同参考框架》(Common European Framework of Reference，以下简称 CEFR)，并且此后几年经历了多次修订。

根据欧洲语言理事会的文件，CEFR 全面描述了语言学习者为使用语言进行交流应该学习的知识和发展的技能。此外，CEFR 还涵盖了语言使用的文化语境。

CEFR 的主要目标包括：1)促进语言课程选择的多元化；2)支持语言学习者的多元化的语言发展；3)发展和审查语言课程的内容，并根据学习者的年龄、兴趣和需要给与积极的技能评定；4)帮助设计和开发教科书及教学材料；5)支持教师培训以及不同语言教师的合作；6)提高学习、教学和测评的质量；7)提高测评以及不同证书比较的透明度。

CEFR 按照语言能力详细描述了学习者的水平，供学校校长、教学大纲设计者、教师培训师、测试机构及熟练的学习者使用。CEFR 大体分为 ABC 三级，每一级还可以分为更为详细的 2 个层次。

除能力量表外，CEFR 还提供了专门的词汇广度、口语能力、交际能力等不同量表，以便进行专项测试和学习。

1.1.2 《欧洲语言共同参考框架》主要特点

1.行动导向的学习理念

在 CEFR 体系中，所有的语言使用者和学习者都被看做是社会成员，因此都有在特点环境中需要完成的任务，即由一个人或多个人使用特定能力来完成某特定成果。而这一过程中，不仅需要运用语言能力，还需要运用认知、情感、意志资源及个人作为社会行为者所持有的全部能力。在这一语境下，交际能力的地位尤为突出。

CEFR 的行动导向学习理念具体体现在以下几个方面：1)对学习者的一般能力要求包含了知识、技能、生存能力和学习能力等而非仅仅语言相关能力；2)对语言交际能力描述详尽，从社会语言学、语用学等方面进行了规定；3)对语言活动打破了以往的听、说、读、写单独语言技能的分类，而是按照更为语言实际运用情境，将语言活动分类为语言接收、语言输出，以及最关键的语言互动；4)按照语言运用的公共、个人、教育和职业领域进行非常实用的语言分类；5)学习通过任务来完成。

2.终身学习理念

CEFR 提出的能力等级量表，使得语言学习者可以在终身时间内根据学习的不同进展而进行测评，测评并没有学校学习时间的限制。

根据 CEFR 文件，学校制度的目的是培养学习者多元化的语言能力、多元文化能力，但是这种能力并不随着学校学习结束而结束，而是随着个人的生活经历而提高、削减或重塑。因此，成人教育和继续教育也需要发挥作用。

学校应该培养学生多元语言和多元文化能力，主要目标包括：培养多元语言和多元文化的素质，协助学习者更好地认识、了解、确信自己的技能、能力和方法，以便拓展、精炼、使用这些技能。

3.灵活详细的等级分类

CEFR 不仅提出面向用户、面向评估者、面向构造者的三大类不同能力等级量表，而且还提出可根据实际情况对三个等级进行更为详细的层次划分。例如针对初学者，可以将 A2 级别再详细分为 A2.1 和 A2.2；针对独立语言使用者，还可分别将 B1 和 B2 级别区分为 B1.1、B1.2 和 B2.1 与 B2.2。对于高阶段的语言精通者，还可将 C1 级别详细分为 C1.1 和 C1.2。这样，可以将总体能力详细地区分为 10 个层次。

详细的层次划分，最明显的好处即为学习者提供了更为明确的学习目标和更强的学习动力。

4.综合性的技能考量

传统的外语教学常将外语技能分为听、说、读、写等主要技能。CEFR 将语言技能概括为接受性技能(读和听)、产出性技能(说、写)、调解技能和互动技能。和传统语言技能分类最大的区别在于 CEFR 提出了交际策略的运用也是语言的一项技能。其中，调解技能是指语言使用者在两方因语言不通而互相无法理解对方时通过口头方式或书面方式进行调解沟通。

CEFR 对于语言技能的另一项创新是对部分语言能力的评估。根据职业和教育背景不同，每个人掌握外语的不同能力大相径庭。如有人擅长写作，有人擅长口头表达，如果用统一的标准来衡量，有专长有偏科的人肯定不占优势。根据这种情况，CEFR 提供了各类不同的证书。如综合类证书(即全面学习一门外语)、模块化证书(培养学习者某一方面的能力，实现特定目的)、特长型证书(着重培养学习者外语能力的某一个方面)以及偏科类证书(即只掌握某几种能力，如外语听力和阅读的输入能力)等。

种类繁多的证书，一方面保证了不同层次不同特点的学习者都可以得到水平的测定，另一方面也间接鼓励的学习者的积极性。不管什么水平，不管什么特点，都能找到自己的外语学习进展定位。

5.尊重个性的评估体系

除各具特色的证书外，不同水平的学习者还可以获得不同的测试。根据 CEFR 的官方说明，水平超过《欧洲最低外语能力量表》的学习者，可以参考其所在国的具体形势，参照 CEFR 进行外语素质评估。评估根据学习者具体的背景进行，这也推动了教学也同样根据学习者具体的需求和特点而开展。

1.1.3 《欧洲语言共同参考框架》对职业教育外语教学的启示

1.运用交际式、行动导向、任务式教学方法

交际教学法最早兴盛于 20 世纪 70、80 年代的欧洲，而后在中国的外语教学界也掀起了一股浪潮。以"外语"和"交际教学法"为关键词在中国知网进行检索，将会检索到 1056 条文献记录(截至 2019 年 7 月 13 日)，其中，2007 年发表文献最多，达到了 93 篇。

交际教学法受到教师的欢迎，一定程度上而言，确实是因为该方法具有一定的优势。例如强调语言的社会功能，强调使用，从而将课堂的主体由教师让位给学生，这也符合教育发展的需求。此外，交际教学法的使用，意味着在评估方式、教学手段都相应地变化。教学手段的多样化和评估方式的民主化，都给课堂带来了更多活力和互动，因而更容易受到学生欢迎。

交际教学法的研究取得一定成绩的同时，其对学习的交际单一目标性的设定也常为很多专家诟病。而行动导向的教学方法保留了交际的教学方法，但是也指出交际并非学习目标，而是学习的方式。行动导向的教学方法更为看重的是现实生活的任务，从而要求学习者作为社会主体，能够使用认知、言语甚至非语言等各项能力来顺利完成交际。

行动导向教学法起源自美国，20 世纪 80 年代在德国盛行，并且已成为德国

职业教育的主流方法。行动导向教学法在国内的研究，最早可见 20 世纪 90 年代。以"行动导向"为关键词，在中国知网检索，最早的文献发表于 1994 年的《外国教育资料》，为国内学者翻译的美国学者的文章。姜大源在 2007 年系统介绍了德国行动导向的职业教育思想后，2008 年后，许多学者纷纷开展了关于行动导向的研究。[ ]而在外语教学领域，行动导向的研究主要侧重于专门用途外语，如，张淑芳探讨了基于行动导向的外贸英语实践教学模式；刘洁在电子商务英语教学中应用了行动导向的方法，并且具体概括了教学中使用的模拟教学法、角色扮演法、头脑风暴法、案例教学法等；卢雪良则讨论了行动导向教学法在外贸英语函电课程中的应用；陆恩概括了行动导向教学法在高职专门用途英语实践教学中的应用。

行动导向的教学方法在实践有关的课程中具有明显优势。行动导向强调以目标为导向，以任务驱动，并且强调师生、生生之间的互动交流。此外，值得注意的是，行动导向并非一种单一的教学法，而是多种教学法和教学技术的融合，包括项目教学法、案例教学法、模拟教学法、角色扮演法等。对于我国的外语教学而言，可以借鉴这些丰富教学方法来引导外语教学的改革，而且任务式的学习方式比较适合职业院校学生动手能力强、理论学习能力相对薄弱的特点，并且任务驱动的学习方法，侧重师生、生生互动的课堂活动都将有力改善我国外语学习者普遍存在的交际能力欠缺现象，从而能提高职业院校外语学习者的学习实效。

行动导向的教学方法，在教学中最常见的一个关键词就是"任务"。根据欧洲理事会的定义，任务是指"由一个或多个人使用特定的能力达成一定结果的行为"。早在行动导向教学方法在中国推广之前，"任务式"教学方法就已经受到一线教师的欢迎。以"任务式"为关键词在中国知网检索，可获得 512 条检索结果(截至 2019 年 8 月 2 日)。其中，核心期刊和 CSSCI 来源期刊文献 37 篇，最早的的核心期刊论文发表于 2000 年的《外语电化教学》。

任务式教学方法比较突出的贡献就是强调"做中学"和提倡分配学习者的注意力，较为均衡地发展语言的流利度、准确度和复杂度。这些特点与职业院校学生动手能力强的特点相吻合，因而比较适合职业院校学生的外语学习。

2.提高学习内容的实用性

高等职业教育在国内的发展历史并不漫长。上世纪 80 年代建立了一批职业大学，但是职业特色并不明显，与普通高等教育区别不大。尤其是课程，在很长一段时间，都是照搬普通高等教育的课程。以"高等职业"和"外语"为关键词在中国知网进行检索，最早的关于高职职业教育外语课程的研究论文来自 1999 年的《承德民族职业学院学报》。

针对高等职业教育学生更多追求就业而不是学术研究的需求，可以从几个方面提高外语课程学习内容的实用性：一、开发针对高等职业教育学生的专门教材。目前，市面上已经出现了一些高职院校的外语教材，其中也不乏精品。与普通高等教育教材区分，更能开发出符合高等职业教育学生的需求的教材。二、加强校企合作，提高高等职业教育培养人才的适用性。影响高等职业教育学生就业的一个重要因素就是，学习内容不符合市场的需求，不能满足就业单位对人才的需要。因此，在办学中加强校企合作，才能选择最适合的学习内容，从而保证高等职业教育学生走向工作岗位就能满足雇主的要求。三、加强双师建设和师资队伍的企业培训。

3.鼓励多元语言、多元文化的学习

欧洲理事会视欧洲一百余种不同语言为文化优势，并认为多元语言能力是多元文化的重要组成部分，并与其他部分互相影响。而中国虽然随着改革开放而开展外语教学已有四十余年历史，但是过去推广的外语语种相对单一，主要是俄语(新中国成立后前三十年)和英语(改革开放后)。

当前新形势下，单一的外语语种已经不能满足高等职业教育的发展需求。一方面，"一带一路"倡议增加了多种语言交流的需求，另一方面，随着中国的经济实力和综合国力的增强，中国与其他国家交流合作的机会日趋增多。中国的高等职业教育毕业生也将面临日益多元语言、多元文化的工作、生活环境。职业院校的外语教学也应帮助学生适应这一变化。

4.开发合适的测评体系

相比较而言，我国的外语学习评估体系并不能满足职业院校的学生。自 1986年教育部推行大学生外语四级、六级考试以来，四六级一直是高校学生参加最多的一项外语考试。然而，考试内容和考试形式侧重学术性，显然不太适合职业院校学生的学习特点。

2002 年，中国劳动和社会保障部职业技能鉴定中心正式宣布引入美国托业考试，这也意味着托业考试在中国首次得到官方认可。虽然托业考试专门针对英语职业能力的测试，并且也获得了官方的认可，但是目前在国内高职学生中普及率并不高。国际考试对本土学生的契合程度和高昂的价格都是令很多学生望而却步的原因。当然，随着"中国外语能力测评体系"的推广，相信职业院校学生的外语评估问题将来也可以得到解决。

当然，在看到 CEFR 可借鉴优势的同时，我们也应该地看到 CEFR 的缺陷，如分类过于宽泛，级别之间跨度较大，因而需要依赖教师进行更详细的分级才能便于开展教学和评测；与欧洲以外国家已有评估体系对接不顺畅等。这也提醒我们的职业教育外语教学应该注意级别层次设置要科学，与其他评估体系要有一定的对接标准，以便社会、尤其是用人单位衡量。

综上所述，CEFR 在教学方法、学习内容的实用性、对多元语言及多元文化的重视、合适的测评体系等方面对我国职业教育教学有较大借鉴意义。

参考文献：

1. Introductory Guide to the Common European Framework mmon European Framework of Reference(CEFR)for English Language Teachers.Cambridge University Press，2013：1-5.

2. 姜大源.当代德国职业教育主流教学思想研究—理论、实践与创新[M].北京：清华大学出版社，2007

3. 张淑芳.外贸英语实践教学模式的探索与实践[J].无锡职业技术学院学报，2008(1)：77-78.

4. 刘洁."行动导向法"在电子商务英语教学中的应用.[J].商场现代化，2008(7)：399.

5. 卢雪良.行动导向教学法在高职外贸英语函电课程中的应用[J].顺德职业技术学院学报，2009(2)：72-75.

6. 陆恩.行动导向教学法在高职专门用途英语实践教学中的应用.[J].硅谷，2009(7)：110.

7. Farahnaz Faez ， Shelley Taylor ， Suzanne Majhanovich ， Patrick

Brown.Teacher Reactions to CEFR's task-based approach for FSL classrooms.[J].Synergies Europe.2011(6).109-120.

1.2 美国外语学习标准在高职公共英语教学中的应用案例

摘要：本文参照美国外语教学标准(5C 标准)，对高职公共英语课程《求职面试》模块进行设计实践，探讨"5C"标准对我国高职公共英语教学的借鉴意义。
关键词：美国外语学习标准，高职，公共英语，借鉴意义

1.2.1 美国国家外语教学标准(5C 标准)简介

2000 年，美国外语理事会(American-Council on the Teaching of Foreign Languages)与其他三个美国外语组织共同发表为美国 K-12 年级的外语教学标准《21 世纪外语学习标准》。其核心内容被概括为 5C，即 Culture(文化理解体验能力)、Connections(触类旁通联系能力)、Comparisons(语言文化比较能力)、Communities(在多元文化社区中的语言应用能力)，Communication(沟通和交际能力)的简称。5C 标准中，最高，也是最核心的标准是 communication(沟通和交际能力)。

5C 标准最大的特点是侧重沟通，而这也是实现语言的社会功能的最有效途径。因此，自推出后，不仅指导了美国 K-12 年级的外语教学，也对其他国家的外语教学带来了很大启发。

5C 标准另外一个经常为人们所忽略的重要贡献就是从实际需求出发，提出了外语运用的三种不同模式：沟通交际模式(interpersonal mode)、理解解释模式(interpretive mode)和演示交际模式(presentational mode)。

1.2.2 文献综述

虽然，5C标准提出已二十年，但国外对5C标准的研究方兴未艾。相比较而言，国外对于5C标准的研究，更多侧重其应用方面。Lear和Abbott[ ]运用了5C标准的框架，采用社区服务学习法(community service learning)，证实了社区服务学习法可以有效帮助学习者实现5C标准目标；Scott和Huntington[ ]用量化研究分析了初学者如何发展5C标准中所提到的语言"理解解释模式"；Barnes‐Karol和Broner则分析了5C标准中最核心的内容"文化"，并提出了一种利用图片进行文化和语言提升的方法。

目前国内关于美国外语教学标准的研究，数量不太多。以"美国"和"5C标准"为关键词在中国知网进行检索，可以获得88篇文献(截止2019年8月9日)。从文献互引来看，主要研究内容包括"外语教学"、"学习标准"、"汉语教学"等方面。总体来看，就研究内容而言，研究主要可以分为理论研究、借鉴研究、实践研究等三类。

（一）理论研究。包延新[ ]在其硕士毕业论文中对美国外语教学标准的主要内容及其科学性进行了详细介绍和分析；王春红[ ]则在组织机构、理论基础、课程目标、内容和分级标准等多个方面对比了美国5C标准和我国的2011新课标，并指出两者在面向全体学生、重视交际能力、关注多元文化、培养学习策略、体现多元评价以及循序渐进等方面存在共性，而在目标分级方式、内容标准要求、学生情感因素、联系其他学科等方面存在不同。

（二）各类由5C标准带来的启示。程莉[ ]、李江薇[ ]、陈乃琳[ ]、吁娟[ ]等学者分别研究了5C标准对国内初中英语、对外汉语、大学英语、高职英语等不同领域外语教学的启示。

（三）实践研究。事件研究较多出现在对外汉语课堂。其中，刘洋[ ]以5C标准为基础，设计了初级汉语课程《我想喝茶》一节课堂；彭红[ ]则以5C标准为理论框架，为堪萨斯大学孔子学院高中汉语课程设计了综合课《我喜欢春天》，并提出了5C标准在对外汉语初级综合课教学设计应用中的具体问题；杨慧[ ]则在比较了国内外对外汉语教学的差异后，总结了堪萨斯大学孔子学院针对5C标准的教学实践活动，并提出了5C标准对我国对外汉语教学的启示。

将5C标准应用于国内高职高专院校的外语课程相关研究，仅有四篇文献。

其中,李黎[ ]提出国内的高职英语教学中可以结合 5C 标准和学生实际水平进行教学标准的制定;吁娟[ ]分析了 5C 标准的内涵外延以及国内高职英语教学中的两个误区后，提出要拓展英语教学的文化视野，加强实践功能和凸显区位特色；陈文娅[ ]则提出对高职英语教学根据 5C 标准调整和改进教学模式及教学设计以及重视知识的运用和实践这两项启示；胡珊[ ]则通过一个学期的实验，证实在运用了 5C 标准中的交际、文化和社区标准后，学生的英语交际、文化和英语运用有明显提高，但是在关联和比较方面没有明显变化。目前，没有发现对运用 5C 标准的高职公共英语课程设计案例研究。

1.2.3 参照美国 5C 标准的高职公共英语课程设计案例

本文试图参照美国 5C 标准，对高职公共英语课程进行一个模块的课程设计。

课程名称：大学英语

单元名称：外企求职

授课对象：某高职院校软件技术专业大学一年级学生

课时数：4 课时(45 分钟/课时)

总体设计：

参照 5C 标准，以实现外企面试中良好的语言沟通为本次课程最主要目标。采取任务式教学方法，实现"学生为中心"的课堂教学。

沟通交际能力目标(Communication)：能在面试中熟练地进行自我介绍；能熟练地应答面试中的常见问题；

文化理解体验能力目标(Culture)：能理解外企职场文化；能遵守外企面试基本礼仪；

触类旁通联系能力目标(Connections)：能理解并基本完成求学等其他类似场景的面试任务；

语言文化比较能力目标(Comparisons)：能区分英语面试和汉语面试的常见问题，及外企和中国企业面试中的常见应答方法；

多元文化社区中的语言应用目标(Communities)：能在面试中适应不同族裔面

试官的对话，在面试中能尊重不同族裔面试官的文化背景并作出恰当的回应。

教学方法：

任务驱动教学法；合作探究法。

教学分析：

1.学情分析：

1)专业：软件技术

2)教学年级：高职高专一年级专业

3)需求分析：高职高专院校软件技术专业学生有较多机会进入外企或在中国企业就业后参加服务外包业务，因此大部分学生将会在就业时需要参加英语面试。

4)学习风格分析：软件技术专业学生对于互联网技术应用比较熟练，并且网络信息能力比较强，因此可以采取线上线下混合式教学方式。

2.学习内容分析

1)学习重点：外企面试中恰当的自我介绍及常见的问题应答

学习重点的解决方法：利用网课、视频、教师的课堂示范等多种不同形式进行练习。

2)学习难点：面对不同族裔面试官，应答的注意事项

3.教学安排

教学安排

教学环节　　教师活动　　学生活动　　设计意图

课程导入

(线上)

1.布置完成某企业面试的单元任务

2.在学习平台提供关于英语面试的视频、电影、网课资源

3.收集学生的练习结果

(1)观看面试视频，学习网课，完成视频和网课练习

(2)搜集并整理面试常见问题

为实现面试中的沟通交际能力目标做准备

课程实施

(线下)

(2 课时)

1.评价小组汇报成果

2.模拟练习面试对话

(1)小组汇报展示面试中的自我介绍；

(2)模拟练习面试对话

1)运用语言的演示交际模式，提高沟通能力；

2)运用沟通交际模式，提高沟通能力

课后

(线上)

1.布置在线面试测试任务

2.布置任务：

(1)中英文面试常见的问题比较；中英文面试应答技巧比较

(2)搜集不同文化背景的公司面试注意事项

(3)搜集求职面试中的基本礼仪

1)完成外教在线面试测试

2)完成课后任务

①为提高语言文化比较能力做准备；

②为提高多元文化社区中的语言应用能力做准备；

③为提高文化理解体验能力做准备

课堂实施

(线下)

(2 课时)

1.评价小组汇报成果

2.模拟现场面试

(1)小组汇报

1)中英文面试常见问题的异同；中英文面试应答技巧的异同

2)不同文化背景公司面试注意事项

3)面试常见礼仪

(2)模拟现场面试

1)提高语言文化比较能力做；

2)提高多元文化社区中的语言应用能力；

3)提高文化理解体验能力

课后

(线上)

1.布置复习任务

2.复习

1.2.4 反思与总结

通过借用美国外语教学 5C 标准，本次课程实现这样几个效果：多样化的沟通型任务切实帮助学习者练习了外语运用的沟通交际、理解解释、演示交际等不同模式，切实提高了学习者的面试沟通能力；运用网课、视频、电影等多种资源有效地帮助学习者了解外企文化、职场文化，提高了学习者的文化理解体验能力；通过比较，帮助学习者理解并能顺利完成求学等不同面试任务，提高了学习者的触类旁通联系能力；通过中企、外企等不同文化背景比较，帮助学习者区分汉语、英语的不同文化背景及语言背后的思维模式，提高了学习者的语言文化比较能力；通过对不同族裔、不同文化背景面试官沟通注意事项的总结，提高了学习者多元文化社区中的语言应用能力，以及对多元文化的尊重。

不足：本次课程设计对 5C 标准的借用仅仅是针对求职中的面试环节，没有覆盖求职全过程；由于社会背景不同，多元文化社区中的语言应用目标没有非常圆满地实现。

总结：在高职公共英语教学中，口语类型的课程本身对沟通能力要求比较高，因此比较适合借用 5C 标准。但是对 5C 标准的借鉴也不能是生搬硬套，而是根据学习者需求、社会背景、课程特点、课程内容、课程要求等进行调整。

参考文献：

1. LEAR W，ABBOTT R.Foreign Language Professional Standards and CSL：Achieving the 5 C's[J].Michigan Journal of Community Service Learning，2008，Spring：76-86.

2. SCOTT M，HUNTINGTON A.Literature，the Interpretive Mode，and Novice Learners.[J].Modern Language Journal，2007，Spring：3-14.

3. 毛延新.美国《21 世纪外语学习标准》研究[D].上海：华东师范大学，2010.

4. 王春红.美国 5C 标准与中国 2011 新课标比较研究[D].漳州：闽南师范大学，2013.

5. 程莉.美国外语学习标准对我国初中英语教学的启示.[D].长沙：湖南师范大学，2013.

6. 李江薇.美国外语学习标准对我国对外汉语教学的启示.[J].剑南文学，2011，9：170-171.

7. 陈乃琳.美国外语学习的"5C"标准及对我国大学英语教学的启示.[J].江苏高教，2012，11：93-94.

8. 吁娟.美国 5C 标准对我国高职英语教学的启示.[J].山西广播电视大学学，2009，11：69-70.

9. 刘洋.基于美国 5C 标准的布隆迪大学孔子学院初级汉语综合课教学设计——以《我想喝茶》为例.[D].锦州：渤海大学，2017.

10. 彭红.基于"5C"标准的对外汉语初级综合课教学设计.[D].武汉：华中师范大学，2017.

11. 杨慧."5C"标准与对外汉语教学.[D].武汉：华中师范大学，2015.

12. 李黎.美国外语教学 5C 标准在高职英语教学中的应用.[J].武汉船舶职业技术学院学报，2017，3：89-91.

13. 吁娟.美国 5C 标准对我国高职英语教学的启示.[J].山西广播电视大学学，2009，11：69-70.

14. 陈文娅."5C"标准在高职英语教学中的启示.[J]科技信息，2009，15：208，243.

15. 胡珊.高职英语教学中应用美国5C外语学习标准的调查研究.[D].长沙：湖南大学，2014.

1.3 高职院校公共英语教材使用现状分析
——以深圳职业学院等院校为例

摘要：顺应高职公共英语课程与教学改革潮流，公共英语教材建设呈现多样化趋势。本文以深圳职业技术学院等院校为例，比较分析公共英语教材选用及开发方面的特点及问题。当前公共英语教材具有职业性强，信息化、立体化特色明显，各院校在教材使用中个性化显著。同时，高职院校中公共英语教材存在校本教材开发质量良莠不齐、系统性差、教材衔接有断层等问题。

关键词：高职，公共英语，教材使用

近年来，高职院校公共英语课程与教学改革各种思潮不断。紧跟高职高专教育发展的需要，教育部高等教育司于 2000 年 3 月发布了《教育部关于加强高职高专教材建设的若干意见》，提出"一纲多本"的教材编写制度。2009 年 2 月，教育部高职高专英语类专业教学指导委员会在经过两年广泛社会调查和教学状况调查后，颁布了《高等职业教育英语课程教学要求》。自此，高职高专公共英语教材出版和各类高职院校对教材的使用呈现百花齐放的局面。本文选取了位于沿海发达省份的 5 所国家示范性高职院校，对其所选用的部分公共英语教材进行了调查和总结。

1.高职公共英语教材出版现状

教材是教学内容的基本载体，是教学实施的主要工具。优秀的教材能良好地推动课程改革，有助于提高高职教育质量。自《教育部关于加强高职高专教育教材建设的若干意见》颁布以来，高职高专公共英语教材的发展经历了不同时期，表现出阶梯式发展的特点。

(1)高职教材独立时期

21世纪伊始，高职发展尚处于发展的初级阶段，育人模式仍具有学科本位特点，课程模式与中专、本科院校具有重合等现象。高职高专教材建设处于摸索时期，经历了从无到有的发展阶段。其中教育部"十五"规划教材首次包括《英语》(高职高专版)系列教材(高等教育出版社，2000年)，《实用业务英语》(高等教育出版社，2000年)，《新世纪高职高专英语》(上海外语教育出版社，2011年)等高职高专类专用公共英语教材。同一时期，教育部"十五"规划教材还出版了《高等学校英语应用能力考试国家级试题库(高职高专用)(第2版)》(高等教育出版社)及《简明英语测试教程(第2版)》(高等教育出版社)等辅导性教材。这一时期的教材，初步符合"必需，够用"原则，在语言交际及写作方面体现较为明显的实用特点；文体特点上与本科教材区分不大，阅读教程以散文、记叙文等为主，没有体现高等职业教育"技术应用"原则；部分教材针对"全国高等学校英语应用能力考试"等应试目标，而非岗位技能。

(2)高职教材快速发展时期

随着高职教育快速发展及教育部高等教育司"高职高专英语课程教学基本要求(试行稿)的颁布，高职教材进入快速发展时期。教育部"十一五"规划教材中，高职高专类英语教材数量有了质的飞跃。除《新视野英语教程(第2版)》(外语教学与研究出版社，2011年)、《新时代大学英语》(航空工业出版社，2010年)、《希望英语》(外语教学与研究出版社，2010年)等基础英语教材，还涌现了《当代商务英语》(华东师范大学出版社，2007年)、《服装英语实用教材》(中国纺织出版社，2007年)、《商品检验专业英语》(化学工业出版社，2009年)等一批优秀的高职专业英语教材。该时期的教材更加符合高职高专学生的学习需求，质量有了长足进步。主要特点包括：普遍提供光盘、教学课件等多中类型的教学资源；读写和听说常独立成册；专业英语教材发展迅猛。同时，该时期的教材仍存在一些问题，如基础英语和专业英语之间缺乏有效衔接，部分教材以专业性知识替代职业性知识等。

(3)高职教材多样化发展时期

自2004年颁布《教育部关于以就业为导向，深化高等职业教育改革的若干意见》以来，高职高专公共英语教材职业特色日益明显，如《新职业英语》(外语教学与研究出版社，2009 年)、《职通英语》(高等教育出版社，2014 年)和《高职国际英语》(上海外语教育出版社，2014 年)等。除职业性外，这些教材还具有较强的个性。《新职业英语》较早实现立体化建设，不仅提供纸质教材、光盘资源，还提供形成性评估手册和专题网站以便教师对学生的评估和学生自学；《职通英语》以"任务型教学"为训练框架，以"小组项目"为指导，以"职业岗位"需求为背景，对接中职，强调听说；《高职国际英语》是中德合作，以《高等职业教育英语课程教学要求》为依据，由德方编者为中国高职英语教学度身打造，很好地照顾了学生的实际需求。

2. 高职公共英语教材研究现状

随着教材建设的蓬勃发展，对教材建设的研究也呈现上升趋势。笔者以"高职高专英语教材"为检索词，在同方数据库 2000 年-2016 年文献中检索到 293 篇学术论文，其中，对某一版本教材或某一院校的教材使用情况调查及分析占 50%强，对高职教材建设现状及改革趋势的分析占据 30%左右，部分研究对两种或以上教材进行对比分析，部分论文讨论了行业英语及专业英语教材，如商务英语、旅游英语、金融英语等教材的开发，部分论文讨论了教材使用与学生就业能力培养关系、教材的本土化、语境化等问题。

3.高职代表院校公共英语教材使用情况

中国沿海省份历来都是各项政治经济改革的前沿，而教育方面的改革也不例外。本次调查选取的深圳职业技术学院、广州番禺职业技术学院、顺德职业技术学院、无锡职业技术学院、天津中德职业技术学院等五所综合性高职院校均位于沿海发达省份或地区，并且均为国家示范性高职院校。近五年来，这些优秀院校在品种繁多、良莠不齐的高职公共英语教材中如何进行选择及二次开发，将对其他地区的院校具有一定的参考价值。

表 1

院校名称	教材名称	教材级别	编写团队背景	编写理念与依据	教材构成	教材特色	教学辅助资源
深圳职业技术学院	《新职业英语》(外语研究与教学出版社,2014年7月第二版)	"十二五"职业教育国家规划教材	近20所本科、高职院校英语教师、专业教师及企业人员	"关于全面提高高等职业教育教学质量的若干意见"	1.基础篇:《职业综合英语》(1、2);《视听说教程》(1、2);职业英语交际手册 2.行业篇:14类不同行业相关英语教材; 3.专业篇:侧重不同专业 4.素质篇:《职场素质英语》	典型交际场景 科学测评手段 立体化资源丰富	教师用书;形成性评估手册(1、2);MP3光盘;音带;助教课件;视听读资源;专题网站
广州番禺职业技术学院	《新境界职业英语》(世界图书出版公司,2014年8月)	高职英语"十二五"规划教材	香港著名大学、培训机构学者、内地知名专家、一线教师	突出教学内容实用性和真实性,全方位系统呈现真实工作场景	《综合教程》(1-2册)《听说教程》(1-2册)《拓展训练》(1-2册)	香港和大陆联合编写,素材与案例来自世界知名公司	教师用书;光盘
顺德职业技术学院	《高级职业英语》(高等教育出版社,2015年2月第二版)	"十二五"职业教育国家规划教材	高职院校一线教师	《关于全面提高高等职业教育教学质量的若干意见》	《读写教程》(1-3册)《听说教程》(1-3册)《拓展教程》(1-3册)	广泛调查,筛选实际工作岗位英语技能点	数字课程;二维码资源
无锡职业技术学院	《新编实用英语综合教程》(高等教育出版社,2014年7月第四版)	"十二五"职业教育国家规划教材	高职院校一线教师	《关于全面提高高等职业教育教学质量的若干意见》	《综合教程》(1-4册);《听力教程》(1-4册);《视听说教程》(初级、中级、高级);《学学 练练 考考》(1-4册)		多媒体课件;电子教案;网络课程;试题库;教学素材库;考试系统等
天津中德应用技术大学	《新思路英语》(西南财经大学出版社,2015年1月出版)	高等职业教育公共课程"十二五"国家规划教材	高等学校一线教师	《高职高专教育英语课程教学基本要求》	《新思路英语》(专科上、下);《学习指导》(专科上、下)	为高等学校网络教育编写 适用成人教育、夜大、函大、高等专科院校和高等职业院校	

从表中可以,本次调查中的院校均选取了较为权威的"十二五"国家规划教材,出版时间多为近五年内。这些教材的选择和二次开发多具有以下特点:

(1)职业特色鲜明

与本科教材中常见的散文或议论文文体不同，《新职业英语》、《高级职业英语》中包含了职场中常见的职业规划、商务会餐、产品贸易、组织会议、项目管理等常见场景，而《新境界职业英语》更是邀请企业培训行业专家担任主编，以职场新人可能遇到的职场情境为线索组织公司介绍、公司架构、公共关系等多个话题的学习，并在学习内容上尽可能贴近企业生活。在技能训练上，除了英语技能外，这几套教材还涉及时间管理、项目管理、口头汇报等职场常见技能的训练。在职业素养的训练方面，这几套教材还在阅读中渗透了为别人开门、会议守时、餐桌礼仪等职场常见礼仪知识。

(2)立体化、信息化特点突出

《新职业英语》改变了过去基础英语与专业英语各自为主孤立局面，确立基础英语、行业英语、专业英语、职业素质英语的完备教学体系，同时，除了纸质教材、教师用书以外，还提供 mp3 光盘、助教课件、视听读资源，所有电子资源在专题网站上一应俱全，方便教师的备课和学生自学。《高级职业英语》和《新编实用英语》不仅提供电子课件，还可供数字课程和网络课程。信息化技术突破了教材的限制，极大拓展学习空间，让学生随时随地都可以面对海量的语言学习材料。学生针对自己的学习层次、兴趣爱好，可以有更多不同的学习方式选择。

(3)适用多样化的教学方法和手段

教材的不同编排结构和呈现形式推动教学方法和手段的改革。除了共同的职业场景外，多数教材还采取任务化的编排结构，围绕产品简介、参加会展、建立业务关系等不同主题设计听、说、读、写练习，易于教师在课堂设计中采用任务化、或项目化教学方法。有了教材的支撑，深圳职业技术学院在国内较早开展了教学全方面的改革，对教学内容、师生角色、课堂组织都进行了职场化的改革。此外，《新职业英语》还提供了形成性评估手册，便于学生对自己，以及教师对学生的学习状况进行动态总结和评估。

(4)与行业或区域有效结合

为了更好地服务区域经济，与行业经济发展相融合，各个院校对所选教材分别进行了个性化的二次开发和补充，而不是照搬照用。广州番禺职业技术学院于

2014年到2015年在部分学院常识性地将斯坦福英语项目和课程学习结合，丰富了教学方法，改善了教学效果；深圳职业技术学院开办了网络教学平台，除了《高职英语》外，还提供了《外事英语》和《英语国家文化》等相关课程；顺德职业技术学院在学院教学资源库中还提供了大量的名校公开课视频，并在精品课网站上链接了李阳疯狂英语、旺旺英语等大量网络资源。

4.高职公共英语教材开发不足

各个高职示范院校在公共英语教材二次开发中呈现出不同优点的同时，也暴露出部分问题。例如校本教材开发质量良莠不齐、系统性差、教材衔接有断层等问题。目前，所调查的几所院校中，仅深圳职业技术学院开发了系统的公共英语教材，广州番禺职业技术学院公共英语课程中包括基础英语和行业英语。其中，基础英语课程主要采用国家统编教材，在行业英语课程使用了校本讲义，如《旅游英语》、《财经英语》、《机电英语》等。但是国家统编基础英语教材和行业英语之间难以进行无缝衔接。无锡职业技术学院和天津中德应用技术大学没有开发、采用校本教材。

作为优秀的高职院校，深圳职业技术学院等学院在高职公共英语教材选用方面的经验值得其他院校学习、借鉴。同时，他们在公共英语教材的开发方面的问题也值得其他院校反思。

参考文献：

[1]林宇飞.高等职业院校公共英语教材调查分析及应对策略[J].沈阳农业大学学报(社会科学版)，2013，15(3)：345-348

[2]李万敬.教育信息化背景下职业院校公共英语教材建设探析[J].陕西青年职业学院学报，2016，(3)：34-37

1.4　高职公共英语教科书阶层文化分析
——以《新视野英语教程：读写教程I》为例

摘要：通过分析《新视野英语教程：读写教程I》中的职业状况可知，高职公共英语教科书中存在人物职业分布不合理的现象，职业声望得分较高的职业描述比较详细，且较多正面描述，而职业声望得分较低的职业描述简略，且较多负面描述。该教科书中对人物职业的描述不符合中国的社会结构现实，不利于帮助学生树立正确的职业观、不利于改善社会不平等现象。

关键词：《新视野英语教程：读写教程I》；职业分析；职业观；社会不平等

公共英语在高职院校中不仅仅是一门语言课程，更是重要的文化教育课程。尤其是公共选修课匮乏的高职院校，公共英语课程在学生人文素养的培养中发挥的作用更是不可小觑。这其中，教科书作为课程的主要传播媒介，地位举足轻重。

最近几年，教科书的文化现象业已成为国内外学者的研究热点。美国学者阿普尔认为教科书并非像人们所想象的那样代表的是公正或合理的知识，教科书无论是框架还是内容都融合了权力精英的意识，是一面反映统治阶级意识的镜子，是统治阶级用一种不容调和的和强迫的方式强加给师生的，然而统治阶级在教科书中却极力避免向学生展示社会中的阶级问题。

C.史利特和C.格兰特(2005)在比较了美国47本社会科学、阅读和语言艺术、自然科学和数学方面的教科书后，认为教科书普遍存在刻意回避社会等级的多样性，在社会等级表现上注重中产阶级的表达等方面的问题。詹姆斯·洛温则直言，美国历史教科书讳言阶级问题，对不富裕的学生造成了尤为严重的消极影响[2]。与国外对教科书政治属性的研究热情相比，国内学者对教科书中的阶级问题鲜有涉及。本文将主要通过对《新视野英语读写教程I》中人物职业的分析，来考察高职公共英语教材中的阶层文化的传递。《新视野英语教程》(第二版)是普通高等教育"十一五"国家级规划教科书，于2009年由外语教材权威出版社——外语教学与研究出版社出版，是高职类公共英语的代表性教科书。对该教科书的阶层文化的研究，将对高职公共英语教材的了解有所帮助。

1.4.1 阶层文化与职业

社会分层是指社会分为层级，各个层级之间具有垂直的不平等关系，由于这种不平等关系，不同阶层的人群享有不同的政治权力、经济收入和社会声望，处于层级上端的人群在政治权力、经济收入或社会声望方面拥有显著的优势，而在层级底部的人群则明显处于不利的和被支配的境地。德国社会学家韦伯首创了社会分层理论，提出了社会层次的三重划分标准：财富——经济标准、权力——政治标准、声望——文化标准。继韦伯之后，众多社会学家提出了不同的社会层次划分标准，如美国社会学家帕森斯、戴维斯、穆尔提出的"职业分层论"。戴维斯和穆尔认为，社会中有一些职业比另外一些职业重要，需要一些有特殊才能和技术的人来承担，这些人在从事这些工作之前需要经过一定时期的训练并为此付出代价。因此，他们的职位必须具备吸引人的特殊价值，如更多的报酬或更大的权力；社会在回报上对这些特殊才能的人予以倾斜，所有社会成员都会受益；这些职业报酬的不同就是社会分层所谓的地位差距。因此，表现在对稀有物品的享有和地位声望上的社会分层差异，具有正功能，是不可避免的社会现象。布劳和邓肯也认为在现代工业社会，无论是声望阶层组成的等级秩序，还是经济阶层组成的等级秩序，以及政治权力和权威所组成的等级秩序，根基都在于职业结构。丹尼尔·贝尔也肯定了职业是划分社会阶级和阶层的最重要的因素。在对不同职业岗位的对比研究中，职业声望作为一种反映核心社会价值的等级参数，逐渐成为社会层级描述中有力的工具。在布劳和邓肯首创了职业声望估量方法后，很多社会学家依据他们的估量方法对社会不同职业岗位进行评定，得出了不同的社会职业声望量表。其中，特雷曼在国际比较研究的基础上提出的"标准国际职业声望量表"(SIOPS)较为权威。本文将主要以该表为依据对《新视野英语读写教程 I》中的职业状况进行分析。

1.4.2 《新视野英语读写教程I》中的职业分析

(一)定量分析

表 1.以"标准国际职业声望量表"为依据的职业统计

位次	职业名称	职业声望得分	出现频次	篇幅(字)
1	医生	78	4	0-50
1	大学、学院等高等教育教师	78	5	400-500
3	中央政府高级官员	71	1	50-100
4	社会学家、人类学家及相关工作人员	67	1	50-100
5	地方政府高级官员	63	1	0-50
6	部门经理	60	6	200-300
7	作家、新闻记者、其他写作者	58	3	0-50
8	雕刻家、画家、艺术家等	57	1	0-50
8	小学教师	57	1	0-50
10	计算机相关专业人员	53	1	0-50
11	运动员、体育人等专业人员	49	5	500 以上
12	法律、商务等助理专业人员	49	1	0-50
13	小型餐饮及酒店企业总经理	38	2	0-50
14	工人	34	1	0-50
15	旅行服务员及相关人员	32	1	400-500
15	理发师、美容师等工作者	32	1	0-50
17	小汽车、出租车及货车驾驶员	31	1	0-50
18	保安等人员	20	1	0-50
19	其他职业		2	500 以上

(注：位次以该职业声望得分高低为标准排列，频次即该职业在教材中出现的频次，篇幅即教材文章中对该职业描述的篇幅，以字数为单位统计。为了便于统计，心理学家与社会学家合并，人类学家及相关工作人员，各种市场部、人力资源部门经理因得分相同，均以"部门经理"为标准进行统计，花店、汽车店老板以"小型商业服务业企业总经理"为标准进行统计，教材中出现的未表明行业的"工人"以量表中 109 种工匠得分的平均分为标准进行统计。其他职业为在"国际标准职业声望量表"中没有统计数字的职业。)

从统计结果来看，教科书中出现频次最高的职业为社会学家、人类学家及相关工作人员，其次为部门经理、大学、学院高等教育教师和运动员、体育人等专业人员。从篇幅上来看，所占篇幅最长的是运动员、体育人等专业人员，其次为大学、学院等高等教育教师和旅行服务员及相关人员，部门经理的职业描述所占篇幅也较为可观。地方政府高级官员，雕刻家、画家、艺术家等，小学教师，计算机相关专业人员，法律、商务等助理专业人员，工人、理发师、美容师等工作者，小汽车、出租车及货车驾驶员，保安等职业不仅出现频次少，而且所占篇幅也较少。其中，篇幅占据最少的是工人，作者在描述完职业和幸福的关系之后，将工人和其他两个职业作为例子一笔带过。值得注意的，这些出现频次和篇幅较少的职业，大多数是职业声望得分偏低的职业。如果将统计表中18种职业分为三等分，则职业声望得分前六名的职业中五种职业得到详细描述，仅有一种职业描述简略，而中间及最后六名的职业中，各有两种职业详细描述，四种职业均为简略描述。总之，教科书中存在对上层职业详细描述，对中下阶层职业则简略描述的现象。但是要注意的是，虽然量表统计结果大部分能反映教材中的职业状况，但是由于时代的发展，统计结果难免有所偏颇。例如教材第五单元介绍了篮球明星姚明和乔丹及其教练。他们的职业在"国际职业声望量表"中得分仅为49分，排名位于计算机相关专业人员之后。但是现代生活中，这几位体育明星无论在社会地位，还是经济收入上都远在该职业之上。此外，有些新兴职业在量表中没有统计数字，例如，航空快递员和神秘顾客这两种新兴职业，尽管编者在第九单元进行了专门详细介绍，但是在量表中没有任何统计信息。

(二)定性分析

医生在教科书中出现了四次。在一篇阅读文章中，医生和另外两种职业成为作者幸福人生和职业之间关系论述的证明；另外一篇阅读文章中则直接引述了医生对其孕妇病人的诊断结果。此外，在两则实用写作范例中，写作者以医生证明书作为病假的证明[6]53。虽然寥寥数语，但是医生诊断结果的权威性在教科书中不容置疑。关于大学、学院等高等教育教师，教科书第一篇阅读文章就是以大学教师的人称撰写，旨在为大学新生提出大学生活的建议。作者不仅通过第一人称直接向学生提出建议，还在文中提到他/她为学生提供咨询的情景，教师职业的工作情形一览无余。此外，在另外一篇阅读文章中，作者在描述教授和学生对话中的体态语时，用到了"尊敬"、"爱戴"和"权威"等词汇来描述教授，教授职业社会地位之高很容易让读者留下深刻印象。中央政府高级官员在教科书中并没有正面出现在读者面前。但是作者在讲述美国一个上流社会宴会时，通过主人公的视角观察了外交部部长，并对其工作能力进行嘲讽。在了解美国政治娱乐化传统之余，读者很容易将部长这一职业和文中所描述的场景——上流社会宴会相联系，对其形成可望不可及的精英阶层的印象。社会学家、人类学家及相关工作人员在教材中出现频次最高，但大多没有详细描述，除一名婚礼风俗专家外，其他均以匿名的身份为作者的观点提供佐证。在作者笔下，专家的工作就是揭示社会规律，深刻影响社会观念，该群体社会地位举足轻重。纽约市市长作为地方政府高级官员出现在教科书第八单元中作为实例，证明口头语言和体态语的关系。虽然没有工作情形的描述，但是作者暗示该职业和演讲的常态关系，向读者揭示了该职业的工作环节之一。部门经理在教科书中主要出现在实用写作练习部分。在两则请假条写作范例和练习中，部门经理都以上司的身份成为请假条的接收方，其中一则以"您忠诚的"为结尾，经理身份的职场权威地位不言自喻。此外，教科书中有两则祝贺信写给刚升职的部门经理，并在信中以一系列褒义词汇描述他们，如有"才能"、"动力"，"为公司努力工作"等。在作者笔下，显然只有具有勤奋、能力突出等一系列优秀品质的人才能获得经理一职。在教科书中得到大力褒奖的还有体育明星。姚明、乔丹作为两位篮球明星，在教材中被冠以"勤奋"、"良好沟通"、竞争性"、"尊重对手"、"慈善"等头衔。阅读文章结尾时，作者希望其他年轻篮球运动员应该向乔丹学习。而编者对篮球明星这一职业的溢美之词，也暗示这一职业具有明显的榜样示范作用。教科书对作家、新闻记者、其他写作者的描写共有三处，虽然简略，但都反映了该职业的工作内容，如围观采访篮球明星、褒贬婚俗现象、调查公司不合格产品等等。从一定的侧面上，反映出记者这一职业揭露社会热点、纠正社会风气、监督社会公正等社会职责。其他职业在教科书中的描写较为简略，如不到二十个字，分别描写艺术家受人雇佣创作；小学教师影响学生观念；软件工程师和采购助理的名片；美发师、花店老板和饭店老板婚礼高峰期的经济收入；工人作为幸福人生和职业关系的例证；出租车司机抛弃乘客；保安为人指路等。虽然机场服务人员的工作情形在教材中占据了整整一篇阅读文章，但被描述成离开电脑就一无用处。而出租车司机在教科书中也缺乏责任心、职业道德，冷酷无情。

通过分析，我们可以得知，职业声望较高的中上阶层职业在教科书中不仅描写较为详尽，可以让读者多了解其工作情形，而且还被描述为位高权重、受人尊重。与之对比的是，职业声望得分较低的职业在教材中叙述较少，从而限制了读者对这些职业的了解，甚至有的职业受到了作者的诟病，进而容易使读者对这些职业形成偏见。

1.4.3 《新视野英语教程I》中的职业状况对学生的影响

阿普尔认为，课程中的某些观点和知识是经过筛选的，学生们获得观念和信息的渠道有限，这使得学生只能按照某种特定的方式思考问题和采取行动。作为权威出版社出版的高职公共英语教程，《新视野英语教程》每年都面向数以万计的高职学生发行，对他们的价值观的形成带来了深刻的影响。

首先，由于教科书中对不同职业描述、评价不同，造成一种职业贵贱的印象，从而影响了他们的择业观。对于许多高职学生来说，教科书就是最常见的阅读材料，很容易受到教科书潜移默化的影响并接受教科书中对职业的评价。《中国青年报创业周刊》2010年在北京与浙江两地的高职院校中开展的调查显示，过半高职毕业生预计自己将进入白领阶层。当白领职业理想遭遇高职院校高级蓝领培养目标时，高职毕业生的就业选择就出现了难以调适的矛盾。据麦可思公司对高职毕业生就业状况的调查显示，在高达88%的离职率中，前三位原因分别为个人发展空间不足、薪资福利偏低和想改变职业行业，均与职业预期不适应现实有关。其次，教科书中对职业的描述不符合中国的社会结构，从而为高职学生了解社会造成了一定的误导。根据陆学艺等对中国社会的调查，中国社会可以分为十大阶层，即国家与社会管理者阶层(2.3%)；经理人员阶层(2.6%)；私营企业主阶层(1.3%)；专业技术人员阶层(6.3%)；办事人员阶层(7.0%)；个体工商户阶层(9.5%)；商业服务业员工阶层(10.1%)；产业工人阶层(14.7%)；农业劳动者阶层(40.3%)；

城乡无业、失业、半失业者阶层(5.9%)[9]。对比后可发现，教科书中的职业比例和中国社会结构有着巨大的差距。教科书中对占据中国人口最大比例的农业人口只字不提；占据人口较大比例的商业服务业员工阶层，产业工人阶层，城乡无业、失业、半失业者阶层等在教科书中描述较少，而且有的职业以负面形象展示。中间阶层的职业在教科书中占据比例最高，这一点符合国际上公认的两头小中间大的橄榄型理想社会结构，但是却严重不符合中国倒丁字型的社会结构。如此一来，高职学生很难对中国的现实国情形成正确的认识。

再次，教材的"控制者"、"支配者"的角色将社会阶层不平等观念灌输给高职学生，而学生一旦接受这种不平等观念后，又不可避免地进行观念传播，实现了不平等观念的再生产。如此一来，将进一步加剧社会不平等现象。

1.4.4 对教科书中的阶层文化困扰问题的相关对策

沈杰在《2004年的中国青年》中指出，社会协调发展目前需要解决的两个青年问题中，就包括文化性问题，如青年在面对各种文化困扰而难以确定的人生观、价值观问题。

本文从学生、教师、学校、出版方和社会几个层面对教科书中的阶层文化困扰问题提出相应的对策。首先，学生应该扩大阅读范围，开拓视野，从象牙塔走出去，多进行社会实践，深入了解社会，形成正确的人生观、职业价值观。其次，教师应该对教材中的内容进行加工。正如阿普尔所说的那样，教科书中所展示的内容未必就是课堂上所教授的内容。在课堂上，公共英语教师可以为学生补充大量的贴近社会、贴近现实、贴近生活的学习材料，不仅帮助学生的语言学习，也要帮助塑造学生的价值观。再次，高职院校可以开设课程，加强对学生职业观的引导。目前，很多高职院校都开设了职业生涯规划课程，帮助学生正确认识自己的人生理想、职业价值观、兴趣爱好、个性特征、能力状况等主观情况以及社会就业形势、社会发展状况等客观条件。学校舆论的引导将帮助学生正确地进行职业定位，避免毕业生新入职场后的文化休克现象，以提高就业、创业的成功率。此外，出版方应该改善教材，合理安排教材中的职业分布结构，并提供大量贴近现实的课堂外补充阅读材料，以期提高高职学生对社会的正确认识。最后，政府应加强舆论引导，减少对部分职业的社会歧视；制定政策促进教育公平、就业公平；完善终身教育体制，扩大在职人员的教育及再就业机会，鼓励在职人员职业间的流动；合理分配社会收入，减少社会不平等现象，最大可能地实现社会公平。

参考文献：

[1]M.阿普尔，L.克里斯蒂安—史密斯.教科书政治学[M].侯定凯，译.上海：华东师范大学出版社，2005.

[2]詹姆斯·洛温.老师的谎言：美国历史教科书中的错误 M].北京：中央编译出版社，2009：204-241.

[3]王清连，张社宇.职业教育社会学[M].北京：教育科学出版社，2008.

[4]易益典，李强.社会学教程[M].上海：上海人民出版社，2007：271.

[5]卢乃桂，许庆豫.20 世纪 90 年代中国大陆教育分流与社会分层的一般关系分析[G]∥丁钢.中国教育：研究与评论.北京：教育科学出版社，2002：104.

[6]郑树棠，胡全生.新视野英语教程(第二版)[M].北京：外语教学与研究出版社，2009.

[7]http：//www.hyyzy.com/jy/Article.asp?ID=50.

[8]http：//wenku.baidu.com/view/4e3c735077232f60ddcca152.html.

[9]陆学艺.当代中国社会结构[M].北京：社会科学文献出版社，2010：394-396.

[10]沈杰.2004 年的中国青年[G]∥汝信，陆学艺，李培林.005 年：中国社会形式分析与预测.北京：社会科学文献出版社，2004：349.

1.5　社会分层理论视野下高职院校发展策略探讨

摘要：近几年高职院校发展势头迅猛，本文从社会分层理论的角度探讨高职院校目前存在的问题，并对高职院校的发展提出策略调整。作者认为高职院校需要在办学体制、教育体系、招生定位、教学管理等四个方面进行改革。

关键词：社会分层高职院校发展策略

从上世纪 80 年代，中国根据当时社会需求在一些大中城市开办专科层次高职院校开始，中国的高职学院从无到有，从小到大，以迅猛的势头发展着。仅以山东为例，从 1998 年到 2010 年，高职院校就从 1 所增加到 71 所，在校生数从 120 增加到 82.36 万。短短十余年间，山东省高职院校数量、高职在校生数急剧增加，办学条件不断完善，办学水平逐步提高，教育成果已经产生不错的社会效益。但是，在持续发展的同时，高职院校也存在着许多问题。笔者从社会分层的角度对高职院校面临的问题及解决方法进行初步探讨。

1.5.1 社会分层理论

社会分层是指社会分为各个层级，各个层级之间有垂直的不平等的关系，不同层级的人们享有不同的政治权力、经济收入和社会声望从而产生了不平等关系。继德国社会学家韦伯(Weber，M.)首创社会分层理论并提出社会分层财富、权利、声望三重标准之后，有许多社会学家提出了不同的社会分层标准，例如英国社会学家洛克伍德(Lorkwood，D.)提出的"三种地位分层论"，即市场地位、劳动地位和身份地位；美国社会学家帕森斯、戴维斯(K.S.Davis)、穆尔(W.Moor)提出的"职业分层论"，即个人的财富、声望等都有赖于职业，可以通过研究职业声望来研究社会分层现象；布劳和邓肯(Blau，P&Duncan，O.D)肯定了职业在社会分层中的重要性，并指出，在影响个体社会分层中的先天因素和获知因素中，后者中的教育水平最为重要。社会分层和职业分类的直接后果就是社会流动，指在社会分层结构中，各个阶级或阶层内部，以及不同阶层之间个人或群体之间的社会地位升降与职业转换现象。王清连、张社宇等指出了社会流动的一般规律，即普遍性、客观制约性、方向性和加速性并提出，教育因素是影响社会流动的一大因素。

1.5.2 高职教育的发展困境

自改革开放以来，中国的社会阶层结构发生了极大的变化，职业范围大幅增加，社会流动明显加强。高职院校正是在这种社会分层加剧的形式下，为了适应不同社会阶层的不同的教育需求而创办的。可以说，高职院校本身的存在就是社会分层的结果，高职院校的发展顺应了技术人员提高社会经济、政治等地位的需求。另外，高职学院也促进了社会分层的发展。高职学院的培养目标定

位在培养面向生产、建设、管理、服务第一线的高素质技能型专门人才。高职院校培养了大批的社会中间阶层，在改变传统的"金字塔"形社会结构，促成"橄榄形"理想社会结构的构建上发挥着重要作用。

但是，目前高职教育在快速发展的过程中，在招生、教学、就业等方面暴露了一些问题。首先，高职院校定位带来了招生困境。由于高职院校的培养目标限于生产、建设、管理、服务第一线，毕业生职业限于社会中间阶层，或者依据霍兰德的职业理论，毕业生多从事现实型，通俗称为"蓝领"职业。①在社会分层中，蓝领职业位于社会中间，在社会资源分配与占有中不具备绝对优势。而长期的高等教育精英化发展促成了社会对高等教育效果的期待，很多学生和家长都期望通过高等教育实现社会阶层的向上流动。这种情况下，高职教育的培养目标显然不符合学生的期望。学生和家长对高职院校的态度从高职院校和普通本科新生报到率的悬殊中可见一斑。招生的困境很容易使高职院校进入"生源差、教育质量差、毕业生就业率低、再招生困难"的恶性循环中。高职院校教学管理存在一定的问题。大部分高职院校专业设置都参照就业市场需求，市场热门专业均受到高职院校追捧。数量庞大的高职院校热门专业设置重复率高，导致毕业生供过于求，反而就业率低，没有达到学生的职业期望。例如，在很多理工科高职院校占据重要地位的计算机技术专业就因高失业率于 2010 年被教育部列为高职红灯专业。此外，高职教育体系不完备，与中职教育和普通本科教育衔接不通畅，高职院校接收中职毕业生困难，高职毕业生进入本科院校继续求学机会少。在终身教育体系不完善的今天，高职教育有可能成为一些毕业生受到的最高水平的教育，而知识储备、职业技能的缺乏会极大地限制高职毕业生的职业转换和晋升。在就业方面，虽然高职院校就业率已经接近普通本科院校，但是仍然存在一定的教育目标、教育内容和产业要求不相符的现象，致使专业对口率低，所学不能所用。

此外，实践经验不足、工作认识不够也造成了高就业率下

高职院校毕业生高达 80%的离职率。

1.5.3 高职教育的发展策略

针对高职院校目前的问题，在今后的发展中高职院校应该在招生等方面进行策略调整，从而开阔发展视野。

1.多样化办学体制

目前，大部分高职院校都已经由学科性为主体的单一教学模式开始向校企合作、产学研结合的方向发展。但是，大部分校企合作仍然停留在提供实训场所、短期实习的低层次水平上，对于提高毕业生的实践能力、拓宽就业渠道没有起到应有的作用。政府应该采取政策，鼓励集团化办学，在院系乃至学院层次进行高职院校和企业的合作办学，企业直接参与高职院校的培养目标、教学方案的制订、教学材料的选择、学生管理，从而使高职院校教育具有更强的针对性，办学特色更明显，增加毕业生的就业优势，并减少毕业生职场适应时间。此外，地方政府在校企合作中应该起到引导作用，除了在高职院校和企业之间牵线搭桥之外，地方政府还应该根据当地经济发展特色，对高职院校的专业设置提出必要的意见和建议，并根据当地区域经济社会发展规划，向高职院校和企业提出

发展方向的建议，以便于高职教育的合理布局和毕业生就业、再就业。

2.完善高职教育体系

目前高职院校在普通高等教育体系中的尴尬地位已经有目共睹。对高职院校的地位，社会上有几种不同理解，如认为高职教育从属高等教育体系，职业性和应用性是其办学特征；认为高职教育从属职业教育体系，是职业教育中高层次部分；认为凡培养较高层次的职业技术人员的教育统称为高职教育。目前，有部分学者呼吁建立独立的职业教育体系，并由目前的职业教育两等级结构拓展为中职、高职、本科、研究生四个不同阶段。笔者认为，这种多层次的职业教育体系更有利于解决中职毕业生和高职毕业生的继续教育问题，将高职专

升本的培养年限由三加二变为三加一或者二加二，降低课程重置率，降低高

职毕业生专升本的过渡成本，避免资源浪费。此外，多层次的职业教育体系拉开了教育对象的教育水平的差距，避免了目前高职毕业生起点差距大、终点差距小的情况，为能力突出的学生提供更多的教育和职业晋升机会，并促进了社会中间阶层的进一步划分。

3.调整招生定位

目前，绝大多数高职院校的招生对象仍然局限于高中、中职等应届毕业生。随着终身教育的提出，高职院校应该承担起建构学习型社会的重要责任，开放招生对象，将把在职人员、失业人员、下岗人员、换岗人员等有再继续教育需求的人员纳入招生范围，不仅可以扩大高职院校选择范围，而且可以为广大社会人员知识更新、提高教育水平、职场晋升提供机会，为弱势群体提供向上层流动的机会。这种良性的社会流动能促进社会公平发展。在招生定位上，政府可以采取舆论引导、政策支持的方法，将高职院校和普通本科院校以同一批次进行录

取，改变高职院校的二类院校地位，鼓励高分学生进入高职院校学习，从而促使高职院校进入提高办学水平、教育质量、毕业生质量、就业率的良性循环中。高素质人才进入社会中间阶层，有利于中间阶层的壮大，社会结构的合理；中间阶层的向上流动可以进一步鼓励社会其他成员的进取精神。

4.弹性化教学管理

教育对象的改变必然要求教学管理上的改变。在职人员、下岗人员等学生在学习时间、考核方式等方面都难以适应当前的教学管理模式。为了保证教育对象的学习时间，可改革目前的固定学习时间为灵活时间，如部分课程可利用晚上、周末时间开设；教学方式多样化，可利用网络技术进行远程教学，并采取将集体辅导和个别辅导相结合的方式。此外，为了提高高职教育的实用性，可以采取学分制，鼓励学生中间休学，先就业再学习或者先创业再学习。如此一来，学生更加明确自己的学习目标，学习过程重点更加突出，学习效果更好，教育对职业的指导作用更加明显。教师可根据学生的反馈及时调整教学内容和方法，有利于教学内容和手段的更新。学分制改革还可以改变现行的学科中心培养模式，把教育重点由掌握职业技能转变为培养关键能力，即普通的、可迁移的、对劳动者的未来发展起关键性作用的能力。职业技能的掌握有利于应届毕业生的就业，关键能

力的培养有利于就业后职业的变动、岗位的转换和职业技能的更新，对就业市场的变化适应性更强，改变过去的"一职定终生"现象，促进社会代内流动，避免因科技发展、行业更替、产业结构调整而出现的大批人员职业落伍的现象。关键能力的培养可以提高社会职业流动性，而高流动性可以反过来

促进社会效率的发展。高职教育近几年超常规模发展，一方面，在满足广大群众的教育需求，为社会输送大量的技能型人才，为现代化建设提供人力资源支持的同时，也培养了大批的社会中间阶层，促进了中国社会结构的优化。另一方面，在招生定位、教学管理、毕业生就业等方面仍然存在一定问题。高职院校应该采取多样化办学体制，以提高毕业生就业率；完善高职就业体系为毕业生提供提高空间，并促进社会中间阶层的壮大；开放教育对象，以维护弱势群体受教育及向社会上层流动机会，保障社会公平；实施弹性化教学管理，以促进社会成员职业转换、代内流动，提高社会效率。

参考文献：

[1]刘彦文.高等职业教育原理与教学研究.北京：中国轻工业出版社，2009.

[2]卢乃桂，许庆豫.20世纪90年代中国大陆教育分流与社会分层的一般关系分析[J].丁钢主编.中国教育：研究与评论(第2辑)北京：教育科学出版社，2002.

[3]王清连，张社宇等.职业教育社会学.北京：教育科学出版社，2008.

第 2 章　互联网时代的外语学习问题研究

2.1　国内英语慕课研究现状分析

摘要： 近年来，慕课不仅极大地改变了国内英语教学的方式，也成为了研究者的关注热点。本研究以中国学术期刊库 CNKI 为数据来源，对近年来公开发表的有关英语慕课的论文，从论文数量、期刊分布、高产作者、高被引论文、研究内容、研究方法等多个方面，分析总结了我国英语慕课的研究现状，并提出了几点建议，以资研究者借鉴。

关键词： 英语慕课；文献分析；建议

2.1.1　介绍

大规模开放在线课程(慕课)自 2012 年诞生以来，给全世界的教育实践带来了翻天覆地的变化，而国内的英语课程也不例外。而英语教学的理论研究，也进入了一个新的时期。本文尝试对近年来国内的英语慕课方面的研究进行一次较为全面的梳理和回顾，以便于为英语慕课的建设实践和理论研究提供进一步研究的参考信息。

2.1.2　研究方法

我国各类期刊上刊登的关于英语慕课研究的论文较多，本研究以国内最大的学术期刊数据库中国知网为数据来源，在核心期刊及 CSSCI 来源期刊范围内，以"慕课"和"英语"为主题词进行检索，共检索到 55 篇论文。在"文献数据库"内，以"慕课"和"英语"为主题词进行检索，共检索到 1281 篇文献(时间截至 2018 年 12 月 31 日)。本研究选取核心期刊及 CSSCI 来源期刊的 55 篇论文作为定性分析样本，从论文数量、期刊分布、高产作者、高被引论文、研究内容等多个方面分析国内的英语慕课研究现状。

2.1.3 文献统计与分析

(一)文献数量

根据中国知网搜索得知，国内关于英语慕课的文献最早发表于 2013 年，之后无论是文献数量，还是被引用量都在增长，并且目前整体趋势而言，在 2018 年的短暂回落后，英语慕课相关研究总发文量还将继续增加。其中，2014 年的文献总数量增长幅度最大，而 2015 年文献数量增长最多。2016 年文献引用量增幅最大，而 2018 年无论是文献的总数量，还是文献被引量均有所下降。国内英语慕课研究的式微与 SPOC 及混合式教育研究的兴起有关。而核心期刊和 CSSCI 来源期刊刊发的英语慕课有关的论文经过连续三年上涨，在 2016 年达到最高峰，之后便所回落。整体来看，2014 年至 2017 年是英语慕课研究最盛时期，这与我国始于 2013 年的大规模的慕课建设不无关系。但是与庞大的文献总数相比较而言，核心期刊及 CSSCI 来源期刊上刊发的关于英语慕课的论文数量寥寥无几，这说明关于英语慕课的研究数量虽大，但高质量的研究并不多。

表 1.中国知网关于英语慕课文献统计

年份	文献总数量	核心期刊文献	CSSCI	总量环比增长	引用量	引用量增长
2013	2					
2014	48	4	5	2300%		
2015	293	12	5	510%	4	
2016	462	14	10	58%	11	175%
2017	534	7	7	16%	25	127%
2018	466	11	9	-13%	18	-28%

总体趋势分析

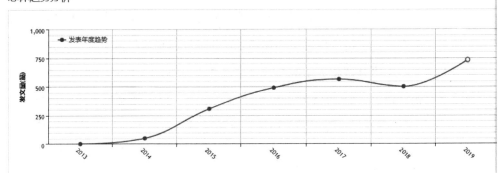

图 1.中国知网关于英语慕课发文量趋势分析

(二)发文期刊

鉴于 CSSCI 来源期刊对于研究的导向性和研究质量的保证，本文主要探讨刊发英语慕课方面论文的 CSSCI 期刊。根据表 2 可知,最早的英语慕课相关的 CSSCI 来源期刊论文发表于 2014 年，分别刊发在《外语电化教学》、《现代教育技术》和《黑龙江》。刊发英语慕课相关论文数量最多的期刊为《外语电化教学》。由此可见，《外语电化教学》不仅是最早引领了英语慕课相关的研究导向，而且也是英语慕课研究的重要基地。

表 2.英语慕课相关论文在核心期刊及 CSSCI 来源期刊刊发情况

期刊名称	论文数量	发表时间
外语电化教学	7	2014、2015、2016、2017、2018
现代教育技术	6	2014、2015、2016、2018、2019
中国教育学刊	3	2016、2017
黑龙江高教研究	3	2014、2015、2016
中国电化教育	2	2015、2017
外语界	2	2015、2018
教育理论与实践	2	2018
大学教育科学	1	2016
电化教育研究	1	2014
高教探索	1	2016
江西社会科学	1	2017
山东社会科学	1	2016
上海翻译	1	2016
外语学刊	1	2018
西安外语语大学学报	1	2017
新闻与写作	1	2017
现代远程教育	1	2018

(三)研究人员和机构

经统计，关于英语慕课的 CSSCI 论文中，发表最多的作者也仅有 2 篇论文，即使在所有类型的期刊论文中，发表最多英语慕课相关论文的作者也仅有 6 篇。这说明虽然对于英语慕课的研究众多，但是多数为业余研究者，没有形成英语慕课方面的专家。就研究机构而言，发表论文最多的单位为长沙民政职业技术学院，共发表论文 11 篇，其次为佳木斯大学和牡丹江师范学院，分别发表论文 10 篇。发表论文数量超过 5 篇的机构均为高等教育学校(含大学和职业学院)。由此可见，对于英语慕课的研究相对集中于一线教学机构。

根据被引量看，何克抗于 2014 年发表在《电化教育研究》的论文"从"翻转课堂"的本质，看"翻转课堂"在我国的未来发展"，引用量高达 1816 次，远远高于其他任何论文。其他被引次数超过 100 次的作者还有王丽丽、杨帆、霍红、刘妍、章木林、孙小军、王守宏、刘金玲、付文平等作者，他们的论文分别于 2014 及 2015 年发表在《黑龙江高教研究》、《职业技术教育》、《现代教育技术》及《中国电化教育》。这些作者的论文发表较早，对之后的研究者起到了引导的作用。

表 3.核心期刊及 CSSCI 期刊中英语慕课作者(英语慕课相关论文≧2 篇)情况

作者姓名	论文数量	发文期刊	作者单位
张殿恩	2	《外语界》 《黑龙江高教研究》	北京联合大学
蒋艳	2	《外语电化教学》 《外国语文》	重庆工商职业学院

表 4.中文期刊英语慕课作者(英语慕课相关论文≧3 篇)情况

作者姓名	论文数量	作者单位
毛反骄	6	长沙医学院
王一琼	6	牡丹江师范学院
马辉	4	黑龙江工程学院
刘丽媛	4	湖北商贸学院

表 5.英语慕课相关的核心期刊及 CSSCI 期刊论文高被引情况(被引量≧100)

作者姓名	论文标题	被引量	作者单位
何克抗	从"翻转课堂"本质，看"翻转课堂"在我国的未来发展	1818	北京师范大学
王丽丽，杨帆	互联网+时代背景下大学英语改革与发展研究	188	哈尔滨工程大学
霍红，刘妍	慕课背景下高职英语教学改革初探	153	吉林大学
章木林，孙小军	基于慕课的翻转课堂教学模式研究——以大学英语后续课程为例	123	武汉科技大学
王守宏，刘金玲，付文平	"慕课"背景下以内容为依托的大学英语 ESP 教学模式研究	122	吉林大学

(四)研究内容

核心期刊及 CSSCI 来源期刊的 55 篇论文中，研究的主要关键词包括"翻转课堂"(共 13 篇，占比 15.66%)、"大学英语"(共 8 篇，占比 9.64%)、"大学英语教学"(共 7 篇，占比 8.43%)和"慕课"(共 7 篇，占比 8.43%)。其他的关键词包括"英语教学"、"英语学习"、"混合式教学模式"等。根据研究内容，这 55 篇论文主要可以分为应用研究、教学模式研究、教学改革、相关技术讨论、反思和评论及其他等五大类别。

第一类应用研究，为英语慕课在各类英语教学中的实际应用提供了可借鉴的经验。如冒晓飞[1]讨论了在初中英语教学中的微课制作和应用；尚云鹤[2]也讨论了大学英语教学中的慕课资源的应用。

第二类为教学模式研究，王欣[3]在 2014 年就提出要利用慕课，建构慕课+课堂研讨的混合式教学模式和校本化"翻转课堂"的学习模式；赵延燕[4]也讨论了微课+慕课的混合式教学模式；章木林[5]等也探讨了基于慕课的翻转课堂教学模式，并且通过实践总结了基于慕课的翻转课堂的利弊；王守宏[6]等作者提出了构建"MOOC 课程+CBI+ESP"(MCE)的教学模式，并通过实践论证了该教学模式的有效性；蒋艳[7]则探讨了基于 SPOC 的大学英语翻转课堂大规模教学运行的教务运行条件、教学条件和保障条件三大机制，并通过案例分析，为大学英语课程的教学模式改革探索了可行的路径；隋晓冰[8]则通过对比实验探讨了作文批改系统辅助的大学英语英语写作慕课的交互式教学模式，并指出了这种交互式教学模式突出突出重点、环环相扣的优点；籍红丽[9]等作者则探讨了通过构建 AFD(质量功能展开配置模型)将慕课融入商务英语专业教学的有效模式，为商务英语专业教学提供了崭新的视角。

第三类教学改革研究，包括对教学内容的设计或对教学改革的探讨。如王丽丽、杨帆[10]等讨论了互联网+时代的大学英语教学改革的趋势；张殿恩[11][12]不仅对大学英语慕课整体思路和体系结构进行了设计，还针对英语口语课程进行了慕课设计；索格飞[13]利用慕课平台进行了"跨文化交际"课程内容融入大学英语课程的实践探索。

第四类是对英语慕课相关的技术讨论，杨永林[14]等作者总结了从"慕课"

到"小微课"的大数据应用，而郭淑青[15]利用首要教学原理对英语慕课教学设计进行了质量分析。

最后一类是关于英语慕课的反思和讨论。何芳、王玮[16]对慕课在大学英语教学中的应用进行了 SWOT 分析，认为慕课具有资源丰富、"学习者为中心"的教学方式适合英语学习、多元评价方式减轻畏惧心理等优势，但是也具有退学率高、质量难以保证等劣势；白倩[17]等作者从学习者负动机影响因子的角度反思了慕课学习，并针对学习者、课程开发者和平台建设者提出了相应的策略；蒋艳[18]等作者指出在大学英语慕课建设中应该避免重视频、轻设计，重技术、轻教学，重课程、轻平台，重前期制作、轻后续教学等误区；许亚锋[19]等作者反思了慕课对于教育公平的影响，发现慕课的出现为所有学习者提供了一个低门槛接触高质量在线教育的机会，但是优势群体受益更大，慕课扩大了教育差距。

2.1.4 总结与思考

整体而言，目前国内英语慕课相关研究存在这样几个现象。一、研究数量较多，但是整体质量不高，具有影响力的研究人员和研究文献较少；二、应用研究较多，理论研究不足，且应用研究均缺少大样本研究；三、高等教育研究较多，基础教育与中等职业教育研究较少；四、英语慕课质量评价体系建设等后续相关技术研究较为欠缺。

国内英语慕课研究虽然已经取得一定的成就，但是也有较大不足。今后，研究者可多个方面进一步研究，如加深理论层次研究，尤其是将信息技术与教育理论结合的跨学科研究；对应用研究扩大研究规模，实现更具有说服力的大样本结论；将研究层次拓展至基础教育、职业教育，将英语慕课应用在各层次、各类型教育中；开展英语慕课相关技术研究，如英语慕课质量评价体系的建设等。更为重要的是，英语慕课的本质还是为了服务英语教学，因此研究应更好地关注如何将英语慕课的建设与英语教学效果的改进有效链接。

参考文献:

[1]冒晓飞.初中英语微课制作与应用.[J]教学与管理.2015.8.41-43.

[2]尚云鹤.大学英语教学中慕课资源的运用研究[J]中国电化教育.2017.7.125-130.

[3]王欣.MOOC视域中的大学外语教学模式的路径选择[J]黑龙江高教研究.2014.8.157-159.

[4]赵延燕.基于微课和慕课的大学英语混合式教学模式研究[J]教育理论与实践.2018.36.59-60.

[5]章木林,孙小军.基于慕课的翻转课堂教学模式研究——以大学英语后续课程为例.[J]现代教育技术 2015.8.81-87.

[6]王守宏,刘金玲,付文平."慕课"背景下以内容为依托的大学英语 ESP 教学模式研究.[J]中国电化教育.2015.4.97-120.

[7]蒋艳,胡加圣.基于 SPOC 的大学英语翻转课堂大规模教学运行机制研究.[J]外语电化教学.2018.8 9-29.

[8]隋晓冰,程璐璐作文自动批改系统辅助大学英语写作慕课的交互式教学模式研究[J]现代教育技术.2019.29

[9]籍红丽,谷峪.基于 QFD 理论探究慕课融入商务英语专业教学的有效模式.[J]外语学刊.2018.6.82-88.

[10]王丽丽、杨帆."互联网+"时代背景下大学英语教学改革与发展研究[J]黑龙江高教研究.2015.8.159-162.

[11]张殿恩,王蕴喆.大学英语慕课"建设思路与体系结构研究.[J]黑龙江高教研究.2016.3.145-146.

[12]张殿恩.外语口语慕课设计与实践研究——以"慕课英语 900 句"为例[J]外语界.2015.4.90-96.

[13]索格飞,迟若冰.基于慕课的混合式跨文化外语教学研究.[J]外语界.2018.3.89-96.

[14]杨永林,张世蓉,丁韬,张虹,王娜.从"慕课"到"小微课",看大数据在教学中的应用[J]现代教育技术.2014.12.45-51.

[15]郭淑青，仇晓春.基于首要教学原理的英语慕课教学设计质量分析[J]西安外国语大学学报.2017.9.84-88.

[16]何芳，王玮.慕课在大学英语教学中的 SWOT 分析[J]教育与职业.2016.5.113-115.

[17]白倩，赵丽，张舒予.慕课的学习现状与反思——基于我国慕课学习者负动机影响因子的角度[J]2016.12.65-71.

[18]蒋艳，马武林.论大学英语慕课建设应该避免的误区[J]外国语文.2018.1.155-160.

[19]许亚锋，叶新东.慕课促进教育公平：事实还是假象?[J]现代远程教育研究.2018.3.83-93.

2.2 移动学习对降低外语学习者口语焦虑的作用研究

摘要：本研究探讨了移动学习降低英语学习者口语焦虑中的作用。该研究邀请了某职业院校 15 名学生(9 名女性和 6 名男性)。首先，学习者参与了前测，然后加入一个微信学习小组，通过观看微课视频、模仿语音、完成口语练习打卡等形式进行为期四周的英语学习，之后再参加后测。为了进一步深入调查，4 名参与者接受了访谈。结果表明，移动学习对于降低外语学习者的"口语焦虑"有显著的作用。

关键词：移动学习，外语学习者，口语焦虑

2.2.1 背景及文献综述

21 世纪，移动学习已为中国的外语学习者广为接受。适合各个年龄段的不同学习层次的手机 APP，如英语流利说、英语听力口语通、伴鱼绘本等，琳琅满目。外语学习者选择移动学习的主要原因包括授课方式的创新性及不受时间、地点的

限制等。

1.移动学习

"移动学习"最初仅指利用手机上的程序来教授语言。但是随着无线技术的发展，如智能手机、平板电脑等，移动学习的概念越来越广泛，关于移动学习的研究也日益增多。英国移动学习专家 Traxler 教授认为移动学习是其他学习方法的补充，而且未来可以完全通过移动学习来获得一个英国大学的完整学位。这个梦想已经在美国很多公立大学实现，檀香山大学、佛罗里达大学等几十所公立大学都提供在线学位课程。开放大学技术研究专家 Agnes Kukulska-Hulme 认为，移动语言学习开始在全球盛行，移动设备已经成为了主流教学设备。

国内学者王敏娟认为给移动学习设置明确定义为时尚早，但她总结了移动学习的常见模式，包括基于多种学习工具的学习模式，如基于短信、邮件、直播课堂、点播系统等的学习模式；基于资源的学习模式，如可点播的视频资源、直播视频资源、文本资料等；基于问题的学习模式；以个人为中心的自主学习模式及以小组为中心的集体学习模式等。国内学者汤跃明、付晓丽、卜彩丽在总结了近十年的 1611 篇国内移动学习研究文献时，发现有 42%的论文关注移动学习的设计研究；其次是应用模式研究(33%)；移动学习相关的技术研究与理论研究数量相差无几，占据了论文总数的 8.6%和 8.4%。

2.移动学习与外语

外语移动学习研究也在外语研究中成为了新的热点。以"移动学习"和"外语"为关键词在中国知网可检索到一百余篇文献。其中，深圳职业技术学院马俊波于 2007 年介绍了移动学习与外语教学的对接；李兴敏、张增良、张薇等学者较为关注移动技术下的外语教学模式；杨丽娜、何建芬、甘文凝、温植胜等学者则开展了移动外语学习相关实践研究。

3.移动学习与口语

Hwang 等人通过研究发现，移动设备的使用提高了小学生的听力水平和口语水平；而 Lee 通过对中学生的研究发现，语音识别程序的口语交互作用提高了学习者的口语水平。此外，Saran 等人在土耳其开展的一项研究表明移动学习在改善英语学习和发音方面效果显著。

2.外语焦虑

Blau 将焦虑定义为"一种不舒服的情绪状态，在这种状态中，人们感到危险、无能为力、紧张"，霍维茨等人认为外语学习中的焦虑和其他学科学习的焦虑类似，主要与课堂情景有关。外语学习中的焦虑现象及其对学习效果的影响，也一直都是国内研究者关注的一个重点问题。以"外语"和"焦虑"为主题词在中国知网进行检索，可以获得多达两千一百余篇文献。其中，比较受到关注的内容包括焦虑的成因及对策，外语技能学习如写作、口语等带来的焦虑现象，外语学习焦虑对成绩的影响等。但是目前尚未发现移动学习与外语学习焦虑之间的关系的研究文献。

2.2.2 研究

1.研究目的

众多理论研究及实践已经证明了移动学习在外语学习，包括英语口语学习中的重要性。然而很少有研究关注移动学习是如何激发了学习者的口语学习及练习动机。正如霍维茨等人所说，焦虑的一个主要来源是交流，而外语学习的重要渠道之一恰恰就是交流。如何降低焦虑对于外语学习者而言至关重要。本研究旨在探讨移动学习在降低英语学习者焦虑中的作用。

2.研究方法

本研究采用定性和定量结合的方法，对学生分别进行前测和后测，测量学习前后学习者焦虑程度的差异。之后再采取访谈等方式了解学习者在练习过程中的表现。

研究对象包括 15 名英语学习者，他们都来自同一所职业院校同一个专业。他们都参加了水平测试以避免水平差距过大，之后又专门进行了访谈，以便研究者了解他们的口语能力。鉴于部分女生性格内向，研究者将他们按照性别分组，分别在微信设置了英语学习小组。

数据收集：首先，学习者填写了《外语课堂焦虑量表(中文版)》，之后在微信参加为时一个月的学习，其中包括每天的听录音、看视频、录音打卡，并查看关于作业表现在发音、词汇、语法、流畅度方面的优缺点分析报告。研究人员还鼓励学习者进行自由讨论和发言。课程结束后，学习者再次参加焦虑量表调查，之后，研究人员选择了四位学习者进行了半结构化的访谈。

3.研究结果

根据霍维茨等人的研究，外语焦虑分对交流的焦虑、对同伴及老师反馈的焦虑及对语言测试的焦虑。前测结果表明，所有的 15 名学习者在这三种焦虑方面都处于中度焦虑范围。

表 1.焦虑量表前后测比较

测试	平均分	标准方差
交流焦虑前测	3.8912	0.4772
交流焦虑后测	2.7654	0.4083
反馈焦虑前测	3.47	0.3901
反馈焦虑后测	2.91	0.3297
测试焦虑前测	2.9920	0.3178
测试焦虑后测	2.7836	0.2891

学习结束后，四名学习者(两名男性和两名女性)接受了访谈，以便了解他们对课程、移动学习的看法及焦虑程度是否降低。一名学习者(女性)认为自己的语音有所改善，"起码不会被别人笑话了"，而且"比以前自信了，其实口语没有那么难嘛"；一名学习者(男性)认为自己胆子大了，主要因为"反正没有真的对着同学和老师，面对自己的手机毕竟紧张少一些"；第三位受访者(女性)认为自己"口语进步还挺大的，当然，以前练得也少"，当被问到为什么以前没有练习口语，她说"上课没有这么多机会吧，班上那么多同学，一般老师都是叫基础好的同学回答问题多"；但是最后一位受访者(男性)认为"对着手机说话有点尴尬"，当被问到是否有进步时，该受访者认为"进步应该还是有的吧，学得还比较认真"。

2.2.3 讨论与结论

本研究探讨了移动学习在降低外语学习者英语口语焦虑中的作用。研究发现，移动学习显著降低了参与者的焦虑水平。其中，移动学习明显降低学习者的交流焦虑及对同伴及老师反馈的焦虑，在降低学习者的测试焦虑方面效果不明显，部分原因在于本次研究并未开展一般意义上的正规课堂考试。

参考文献：

Lee，S.M.(2016).User experience of a mobile speaking application with automatic speech recognition for EFL learning.British Journal of Educational Technology，47(4)，778-786.

Kukulska-Hulme，A.(2012).Language learning defined by time and place：A framework for next generation designs.

Blau，A.(1955).A unitary hypothesis of emotion：Anxiety，emotions of displeasure and affective disorders.[J]Psychology Quarterly，24，75-103.

Horwitz，E.K.，Horwitz，M.B.，&Cope，J.(1986).Foreign language classroom anxiety.[J]The Modern language journal，70(2)，125-132.

Hwang，W.Y.，Huang，Y.M.，Shadiev，R.，Wu，S.Y.，&Chen，S.L.(2014).Effects of using mobile devices on English listening diversity and speaking for EFL elementary students.[J]Australasian journal of educational technology，30(5).

李云飞、王敏娟、王加俊、谢伟凯、申瑞民、杰森·吴.移动学习系统及其相关学习模式[J]《开放教育研究》2012.2.152-157.

汤跃明、付晓丽、卜彩丽.近十年移动学习研究现状评述[J]《中国远程教育》2016.7.36-43.

2.3 英语词汇移动学习有效性研究

摘要: 本研究探讨了移动学习,尤其是英语词汇 APP 对英语词汇学习的影响。英语学习者通过当前主流的英语词汇学习 APP 进行 10 天的连续学习,通过前测后测比较考察移动学习对英语词汇学习的影响。此外,通过访谈,了解 APP 不同功能对词汇学习的影响。

摘要: 英语词汇,移动学习,有效性

2.3.1 介绍及文献综述

在移动学习日趋盛行的背景下,各类闪卡式英语词汇学习 APP 受到了英语学习者的欢迎并引起了研究者的兴趣。Hung 通过调查发现英语学习者认为使用闪卡进行词汇学习有用、好用。Lin 和 Yu 总结了手机上词汇呈现的四种形式(仅文字、文字加图片、文字加声音、所有形式结合),并通过调查了解到,大部分学习者认为手机上词汇呈现形式有趣、有效果,并且 90%以上学习者认为学习新词汇中,这四种表现形式都很有必要。但是该研究没有对每种表现形式的有效性进行比较。

近年,移动学习与英语词汇在国内也引起了研究者的关注。以"移动学习"和"英语词汇"为关键词在中国知网可检索到一百六十余篇文献(截至 2019 年 5 月 18 日),其中,张栋科最早通过学习内容、技术支持、学习者风格三个方面开始对将移动学习应用于英语词汇学习的可行性进行了分析。杨芳丽最早总结了基于移动学习的四种词汇学习模式,即基于短消息的词汇学习、利用移动词汇讲解资源库的词汇学习、基于数字便携设备的词汇学习和利用移动交流社区的词汇学习。

目前,尚未发现国内学者对移动学习不同功能对英语词汇学习的影响。我们的研究通过比较学习者对闪卡式英语词汇 APP 不同功能的评价考察不同功能的有用性,填补这一研究空白。

2.3.2 研究

1.研究设计

研究人员选择了某高职院校同一年级、同一专业的 60 名学生(30 名男性，30 名女性)为研究对象。这 60 名学生分为人数相同的两组，A 组为对照组，B 组实验组 30 名学生下载同一款英语词汇学习 APP，连续完成 10 天的学习，通过前测后测比较，并接受半结构式访谈。访谈内容主要包括"你认为该程序哪一功能对你的词汇学习帮助最大?是汉语翻译、图片、发音、还是例句"和"你认为这几个功能对你的词汇学习帮助有多大?(以 1-5 级划分)"

2.研究结果

B 组 30 名参与者全部每天都按照计划完成了学习。其中，90%学习者认为该英语词汇 APP 对自己的词汇学习有帮助，其中有 80%的学习者认为这种学习形式比较有意思。前测、后测的比较也证实了闪卡式学习的有效性。在不同的功能中，汉语翻译的有用性支持率最高，为 93%，其次是发音(67%)。图像和例句的有用性支持率各 50%，但是只有 17%的参与者认为英语解释有用。

在访谈中，当被问到"为什么觉得图像没有用?"时，3 名参与者认为"有的图说不明白这个单词"，1 名参与者补充说"应该是小朋友学什么水果啊，动物啊用图片更好吧"。在回答"为什么认为例句没有用?"时，2 名参与者解释说"例句有点难"，1 名参与者说"平时就没有看例句的习惯"。但是在补充提问"是否认为例句在词汇学习中很重要"，这三名参与者均表示"应该挺重要的"。关于词汇的英语解释，5 名参与者表示"越看越晕"，"看不懂"，6 名参与者表示"看前面的图片和汉语翻译就已经懂了，没必要再看解释"。

表1.词汇测试

测试	平均分	标准方差
词汇前测	63	0.7290
词汇后测	85	0.4721

表2.英语词汇 APP 不同功能有用性调查

闪卡式 APP 不同功能	认为有用的人数比例
图像	50%
发音	67%
汉语翻译	93%
例句	50%
英语解释	17%

2.3.3 讨论及结论

由实验可以看出，英语词汇 APP 的使用对于学习者具有很大的帮助，其中汉语翻译功能帮助最大，其次为发音。图像和例句的作用没有那么大，部分原因在于实验参与人员均参加的大学英语词汇的学习，其中大量词汇为一张简单图片无法说明的抽象词汇及专业术语；而例句的作用支持率仅占一半，部分原因在于例句难度不合适。所有功能中，英语解释被广泛认为没有太大用处，一部分原因在于解释太难，一部分原因在于其他功能比较强大，已经实现了学习效果。当然，本次实验也存在一定的问题，如样本较小，尚未开展更大规模的实验。

整体上看，实验证明英语词汇 APP 有助于学习者的词汇学习，而英语词汇 APP 中最重要的功能为汉语翻译，其次为发音、图像和例句，英语解释功能不被学习者看重。

参考文献：

[1]Hung ， H.T.(2015).Intentional vocabulary learning using digital flashcards.English Language

Teaching，8(10)，107-112.https：//doi.org/10.5539/elt.v8n10p107

[2]Lin，C.C.，&Yu，Y.C.(2017).Effects of presentation modes on mobile-assisted vocabulary

learning and cognitive load.Interactive Learning Environments， 25(4)， 528-542.https：//doi.

org/10.1080/10494820.2016.1155160

[3]张栋科.移动微型学习应用于英语词汇学习的可行性分析.[J]软件导刊.2010.7.12-13.

[4]杨丽芳.移动学习在大学英语词汇学习中的应用[J].外语电化教学.2012.7.54-58.

2.4 配音类外语学习 APP 对外语学习者动机的影响研究

摘要：本研究探讨了基于配音功能的外语学习 APP 对学习者外语学习动机的影响。研究人员邀请了 60 位成人英语学习者(30 名男性，30 名女性)通过配音类外语学习 APP 学习 10 天，前测后测对比发现，配音类外语学习 APP 有助于提高大部分学习者的内在兴趣方面的学习动机及改善学习效果。

关键词：移动学习，配音类外语学习 APP，兴趣动机

2.4.1 介绍及文献综述

外语学习的成效与学习动机紧密相关。早在上世纪 40 年代，Marchw ardt 就把语言学习的基本动力分为五类。上世纪 50 年代，Gardner 和 Lambert 就制定了量表，从学习者对语言学习及目的语文化的态度、学习者学习语言的愿望及动机的强度三个方面测量动机。上世纪 90 年代，我国外语学习动机研究进入了高峰期，除对西方语言学理论及研究成果的介绍性文献外，还涌现了大量的系统理论

性的文献。张卫东(1992)提出要通过提高趣味性、融洽的师生关系、及教师的灵活性等几个方面来激发学生的外语学习动机。王义(1996)指出自信心与学习动机之间的紧密关系，并提出了创造和谐环境、发挥学生创造力、增强学生成就感等几种提高学生自信心的方法。华惠芳(1998)还在大量调研的基础上，对 Gardner 和 Lambert 提出了两大动机分类基础上，增加了中国英语学习者的"证书动机"。进入 21 世纪，我国的外语学习动机的研究对象从大学生群体扩大到各个年龄层次，研究重点从思辨性研究逐渐过渡到实证性研究，主要的研究方法也从思辨走向了实证。刘玉梅(2006)提出了动机培养的 ARCS(注意力、相关性、信心、满足感)模型，而浦惠红(2011)建议运用 Dornyei 的理论激发学习者的外语学习动机。高一虹等(2003)通过大样本系统调查，将中国大学本科生的英语学习动机大致分为内在兴趣、成绩、学习情境、出国、社会责任、个人发展及信息媒介等七种类型。

与各种激发学生学习动机的理论研究相对应的是各类外语学习产品的升级换代，尤其是进入互联网时代以来，从 MOOCs 到 SPOC，手机 APP 从词汇到阅读，新产品层出不穷，几乎涵盖了各年龄段外语学习者的各方面需求。其中，配音类的 APP 因其独特的趣味性吸引了不少用户。但是目前尚未发现有关于配音类外语学习 APP 与学习者外语学习动机关联性的文献。

2.4.2 研究设计

1.研究目的

众多学者提出提高学习趣味性及学习者的学习成就感来激发学习动力，而配音类外语学习 APP 具有较好的趣味性。本研究旨在探讨配音类外语学习 APP 能否有效提高学习者的学习动力。

2.研究方法

本研究邀请了来自同一所职业院校的 60 位英语学习者(30 名男性，30 名女性)，每人下载"英语趣配音"APP，并进行为期十天的配音练习，每天至少完成一个配音作品。在配音练习前后，学生填写李克特五级量表形式的动机类型调查问卷，并接受访谈，以便于了解其动机类型、动机强度及 APP 对其动机的影响。

3.研究结果

根据高一虹等学者的调查，中国大学本科生的英语学习动机主要有七种类型，分别为内在兴趣、成绩、学习情境、出国、社会责任、个人发展及信息媒介。本研究借鉴该七种类型学习动机对某高职院校的学生进行调查，前测结果表明，大部分学生成绩动机明显，但是内在兴趣动机方面赋分较少。但是在一周的配音练习结束后，成绩动机没有明显改变，但是内在兴趣动机平均分较前测提高了 0.75，是所有动机类型中变化最大的一项。此外，在对学习者的访谈中，25%的学习者认为配音式学习的趣味性与自己平时看英语影视剧的爱好有一定关系，但是配音的学习形式更好地激发了挑战任务的勇气。

2.4.3 讨论

配音式 APP 提高学生的英语学习兴趣，主要原因在于其游戏化的设计。

不得不承认，我们处于一个信息技术高速发展的时代，影响之一就是娱乐系统的广泛使用，从 80 年代的任天堂到千禧年的 Xbox，电子游戏无处不在。用户的享受比以往任何时代都更为看重。虽然电子游戏因其在青少年中的危害为众多专家所诟病，游戏化也为学习活动的设计提供了不同的思路。

无论是实体游戏还是电子游戏，参与者都能在其中体会到掌控感、享受、沉浸、兴奋、成就感。这也是我们在外语学习活动中可以借鉴的方面。在移动外语学习或传统面对面课堂中，外语老师都可以借鉴游戏的这些特点，提高学生的学习参与程度与学习效果。可以借鉴的游戏形式如：过关式，将学习任务设计成不同关卡，每完成一项学习任务才可进入下一任务学习；积分式，每完成一项任务，根据任务完成的表现获得相应积分，积分可用于奖品的兑换或任务选择权；对抗式，小组之间或者学习者个人之间开展对抗，如词汇速记、辩论等适合竞赛的学习项目均可采取对抗形式。

2.4.4 思考

游戏化学习也有一定的局限或缺陷。如，教学活动的设计耗时长、异步学习对传统面对面课堂的挑战等。而配音式学习也更适合外语口语的练习，对于写作等技能帮助不大。但是配音类外语学习 APP 有效提高了学习者兴趣动机，这一点提示我们，可以采取不同形式的学习来提高学习者的兴趣动机，从而提高学习效果。

参考文献：

[1]Alamer，A.The Role of EFL Learning＇motivation in Mobile Language Learning.Asia Pacific Institute of Advanced Research(APIAR)，2016.2(1)，121-132.

[2]张卫东.如何激发学生的外语学习动机.[J]山东外语教学.1992.1.163-166.

[3]王义.自信心与外语学习——多雷模式与卡莱门试验述评.[J]现代外语.1996.3.40-61.

[4]华惠芳.学习动机与英语教学[J]江苏外语教学研究.1998.1.6-9.

[5]浦惠红.运用 Dornyei 的理论激发学生外语学习的动机[J]教育探索.2011.10.62-63.

[6]高一虹、赵媛、程英、周燕.中国大学本科生英语学习动机类型[J]现代外语.2003.1.29-37.

2.5　混合式学习对英语口语技能练习效果的影响

摘要：本研究旨在发现线上线下混合式学习对雅思口语专项技能提高的影响及雅思学习者对混合式学习的态度。通过研究发现，线上线下混合式学习对雅思口语专项技能提高具有一定的正面作用，而大多数学习者对混合式学习持支持态度。

关键词：混合式学习，英语口语，正面作用，支持

2.5.1 背景及文献综述

"混合式学习"的概念由来已久，但其实践的兴起却是与近年来慕课，即大规模开放在线课程(Massive Open Online Courses，MOOC)的兴起休戚相关。目前，混合式学习(Blended

Learning)通常被定义为一种将信息技术与常规的校园面授教学相结合的学习模式。在比较了慕课的开放性及传统教学的师生面对面沟通的有效性等优点后，较多院校采取了结合不同教学模式优点的混合式学习。混合的概念较为宽泛，并且没有固定的模式，一般情况下，大部分学校采取线上和线下的混合教学模式。

目前，混合式学习不仅在教育实践中掀起了新的浪潮，在理论研究学者中也成为一个新的热点。以"混合式学习"为关键词在中国知网检索，仅 CSSCI 期间就 156 篇论文(截至 2019 年 5 月 12 日)，再结合关键词"英语"进行检索，搜索到 9 篇论文，其中 3 篇探讨了教学模式，2 篇论文开展了教学实验。但是这 9 篇论文都没有讨论到具体某项英语技能的学习。

2.5.2 实验

本研究的目的在于发现线上课堂和线下课堂结合的混合式学习对雅思口语专项技能提高的影响及雅思口语学习者对混合式学习的态度。

研究对象：本实验的研究对象是某语言培训机构的雅思口语学生，年龄分布在 18-20 之间。60 名学生男女比例为 22：38。所有学生来自同一所本科院校，同属大一，英语学习历史均为 9 年，均为非英语专业学生。在参与本次实验之前，所有学生都没有混合式学习雅思口语的经历。本次课程为为时两个月的集训课程，主要针对雅思考试的口语考试内容。

研究步骤：首先，60 名学生进行了前测，并按照前测的分数，60 名学生被分配到两个组，每组 30 人。第一组(控制组)通过传统课堂的面授学习，第二组(实验组)通过在线和教室学习的混合式模式开展学习。两组学习时长相同，均为每周 4 小时。其中第一组的所有学习均在传统课堂通过面对面授课进行，而第二组的学生有 3 小时的课堂学习和 1 小时的网络课堂巩固，网络课堂的学习由学生自主完成，时间、地方不限。所有学生学习内容相同，课后作业也相同。本研究为实验组选取了课程内容与线下课程内容基本一致的网校，其课程除授课外，也包括和线下课程类似的练习环节，并提供机器评分。其次，经过 32 小时的学习后，所有学生接受后测，测试考官均为前测考官，考试分组与前测分组相同。

问卷：实验结束后的问卷旨在了解研究对象对混合式学习的态度。问卷共分两部分，第一部分为调查对象的个人信息，如性别、年龄等。第二部分为学生对混合式学习的态度。为方便统计，五个等级的选项赋分如下：非常同意 4.51-5.0；同意 3.51-4.50；不确定 2.51-3.50；不同意 1.51-2.50；非常不同意 1.00-1.50。该问卷内容在实验开始前已经由同年级随机抽取的 30 位学生试用，并根据试用学生的反馈和评论进行了修订。

半结构式访谈：为进一步明确实验对象对混合式学习的态度，实验组中随机抽取 15 名调查对象进行了半结构式访谈。访谈共有 9 个问题,访谈内容文字记录。

2.5.3 实验发现

经过两个月的学习后，实验组和控制组学生均进行了雅思口语后测，两组的分数分别进行了统计，与前测成绩进行了比较，并进行了 t 检验。

表 1.控制组与实验组的成绩比较

测试\分组	N	M	T 值	P 值
前测(控制组)	30	5.0	0.32	0.65
前测(实验组)	30	5.0		
后测(控制组)	30	5.5	-2.57	0.03
后测(实验组)	30	6.0		

由表 1.中可以看出，前测中，控制组与实验组平均分值相同，均为 5.0 分，T 值显示两组实验对象在口语技能方面并无明显差距。后测中，实验组实验对象平均分比控制组实验对象平均分高 0.5 分，而 T 值显示两组实验对象口语技能差距

明显。从平均分的变化，我们可以看出通过混合式学习对雅思口语技能练习效果影响明显。

2.5.4 调查问卷

在测试完成后，两组实验对象又进行了问卷调查，以发现成绩提高原因。主要问题涉及实验对象对混合式学习的态度。

表2.

序号	问题	M	S.D.
1	该混合式学习形式更吸引人	4.57	0.48
2	该混合式学习项目更能激励学生的自主学习	4.43	0.42
3	该混合式学习项目更能提高学生的自主练习时间	4.52	0.36
4	该混合式学习项目更能高效地提高学生的雅思口语词汇量	3.95	0.51
5	该混合式学习有助于学生更好地理解考官的问题	4.25	0.44
6	该混合式学习项目有助于提高学生的应答技巧	4.73	0.38
7	该混合式学习项目有助于拓宽学生的口头作文思路	4.62	0.40
8	该混合式学习项目有助于学生纠正发音	4.80	0.31
9	该混合式学习项目有助于学生对语言错误的纠正	3.84	0.32
10	混合式学习项目应该作为课堂学习的补充	4.58	0.54

由表2可以看出，实验组成员对该混合式学习项目持赞成态度，大部分学生认为该项目更能激发学生的自主学习和自主练习时间，有助于学生提高雅思口语技能，并认为混合式学习应该作为课堂学习的补充。由调查问卷还可以看出，很多学生认为该混合式学习项目在提高学生的雅思口语词汇量方面并没有很明显的帮助。

2.5.5 半结构式访谈

半结构式访谈显示大部分被访谈对象认为该混合式学习项目比较有趣，混合式学习项目应该成为传统学习方式的补充。访谈对象对混合式学习项目的优缺点评价包括：

1.关于学习动力

大部分访谈对象认为该混合式学习项目有力地提高了学习动力。

"我认为这种学习形式很有趣，非常有助于提高学习兴趣。"

"不需要老师催促，一有新课自己就想打开手机看看新内容了。"

"激励挺好的，每次看到打分都挺高兴的。更有动力继续学了。"

2.关于学习的便捷性

所有访谈对象都认为在线学习更灵活可以随时随点开始。

"只要能上网就可以学，我可以在公交车上或者任何地方，任何时间进行学习，很方便"。

"可以躺在宿舍里学习呀，很好呀，又不用怕迟到。"

"挺好，晚上也可以学。"

3.关于语音纠正

大部分访谈对象认为在线语音纠正有助于自己改善发音。

"以前上课的时候有好几个因读不标准，老师也给纠正过几次，但是不好意思每次都让老师纠正啊。在网上反复地跟读了几次，终于改对了。"

"发音非常好听，方便模仿。"

"可以反复练习，有助于改错。"

4.关于及时反馈

大部分访谈对象认为在线学习的效果反馈及时，有助于了解自己的进步情况，更进一步地激励了自己的学习。

"一发完录音就能看到分数，非常好。"

"挺好，有机器打分，而且还有颜色标出了错误的地方。"

"最喜欢对话这个环节。接着出成绩，可以知道自己哪个问题回答得好，哪个问题回答得不好。"

5.关于趣味性

大部分访谈对象认为在线学习的趣味性更强。

"界面挺好，活动也挺有意思的。"

"视频啊、活动啊都更有趣。"

但是，有 3 名访谈对象谈到了在线学习的缺点。

1.缺少和老师的面对面交流

"对着电脑和对着老师肯定感觉不一样，没有在教室里上课的那种感觉。"

"最后考试肯定要面对考官啊，这样对着电脑上课不能模拟考试的情景。"

"更喜欢和老师面对面的交谈。"

2.学习效果受到网速影响

"如果电脑很快，没问题，但是有时候会卡，就会很心烦。"

"网速慢，感觉等着的时候好尴尬。"

从半结构式访谈可以看出，大部分访谈对象都认为混合式学习有其可取之处，整体上说混合式学习优点大于缺点。但也有 20%的访谈对象认为混合式学习存在的必要性不是非常大，传统的面对面授课更适合雅思口语的学习。从访谈中可以知道，在线学习的主要缺点与设备及网速有关，因此设备是否完善与学习效果直接相关。

2.5.6 结语

本次研究的主要目的在于发现混合式学习对雅思口语专项技能提高的影响及了解雅思口语学习者对混合式学习的态度。通过研究，可以发现混合式学习对学习者的雅思口语单项技能具有促进作用，尤其是在纠正发音、提高学习者的学习动力及自主练习时间方面。但是在线学习在面对面互动方面具有局限性，并且学习效果受设备影响较大。

本次研究仍然存在一定的局限性，如样本容量较小，今后可开展更大规模的实验进行论证。

参考文献：

[1]Dawley，L.(2007)The tools for successful online teaching，London：Information Science Publishing.

[2]Soliman，N.(2014)'Using e-learning to develop EFL students'language skills and activate their independent learning'，Creative Education，vol.5，pp.752-757.

[3]The University of Central Florida.(2015)Benefits of blended learning，[Online]，

Available，http：//blended.online.ucf.edu/about/benefits-of-blended-learning/[6 Oct 2014]

[4]马志强，孔丽丽，曾宁(2016).国内外混合式学习研究热点及趋势分析——基于 2005~2015 年 SSCI 和 CSSCI 期刊论文比较，[J]学术时空，(4)：49-56.

第3章 外语教学方法研究

3.1 高职院校非英语专业学生词汇学习策略指导研究

摘要：词汇学习是英语学习者在学习过程中所面临的主要挑战之一。为了帮助学生成为独立学习者，教师可以通过指导学习者有效使用词汇学习策略。本文分析了不同的词汇学习策略，并提出指导高职院校非英语专业学习者词汇学习策略的流程。

关键词：高职院校，英语词汇，学习策略指导，模式

3.1.1 简介

词汇是语言的基本组成部分，对于语言学习者而言非常重要。鉴于词汇的重要性，目前已经发展出了不同的技术和理论来指导词汇教学。

我国对二语词汇学习策略的研究也著述颇多。根据范琳等学者对我国1999-2013年间关于二语词汇学习策略研究的调查，在此期间，我国二语词汇学习策略研究平稳发展，其中，关于学习策略的理论性研究和策略与其他变量关系研究数量最多，紧随其后的是策略调查研究和策略训练及效果研究。

词汇学习策略是语言学习策略的一部分，能够帮助学习者提高学习效率以及语言学习的信心。很多调查研究表明，大部分学习者都认识到了使用学习策略的重要性，陈红琴在对某高职院校学生调查中发现，学生使用最多的策略是汉语记

忆。由此可见，一方面是学习者了解学习策略的重要性，另一方面是学习者的学习策略过于单一和简单。因此，在词汇教学中，教师有必要进行一定的词汇学习策略的指导。

3.1.2 二语词汇学习策略的必要性

Oxford 将学习策略分为直接学习策略和间接学习策略。前者包括记忆、认知和补偿策略；后者包括元认知、情感和社交策略。其中，记忆主要指把新材料和已有信息建立关联，而社交主要指通过与他人交流来提高语言水平；认知策略指学习者如何操作和转换目的语，而元认知策略指学习者对学习过程进行复盘，从而找出最有效的学习方法，即学会如何学习。

Gu 和 Johnson 将第二语言词汇学习策略分为元认知策略、认知策略、记忆策略和激活策略。元认知策略又包括选择性注意策略和自我启动策略。使用选择性注意策略意味着学习者知道哪些单词比较重要,这一策略对于阅读而言非常重要。而使用自我启动策略意味着学习者懂得使用多种手段来明确单词的意义。认知策略包括猜测、熟练使用字典和记笔记。使用猜测策略是指学习者利用自己的背景知识和语言线索，例如句子的语法结构，来猜测一个单词的意思。记忆策略可再分为复述策略和编码策略。复述具体包括单词列表和重复；编码策略包括联想策略、意象策略、视觉策略、听觉策略、语义策略、语境策略以及单词结构策略(如将单词拆分为前缀、词根、后缀等)。激活策略指学习者在不同语境中实际使用新词，例如用刚刚学过的单词造句。

Schmitt 将词汇学习策略分为两大类。第一类用于在第一次见到单词时决定单词的意义，包括决定策略和社交策略；第二类用于第二次见到单词时进行巩固词义，包括认知、元认知、记忆和社交策略。其中，决定策略即在没有任何他人帮助的情况下，通过上下文、语法结构和背景资料等自己发现单词的意义。除了对单词的首次识别，学习者还需要使用认知、元认知、重复、社交等多种策略来练习和记忆词汇。其中，合作小组学习是一种常见的社交策略。学习者在小组中共同学习和实践某些单词,通过某种意象或分组将单词和以前学过的知识关联起来。

认知策略与我们常说的记忆策略类似，包括重复练习、使用闪卡、笔记本等方法进行单词学习。元认知策略指学习者对自己学习过程进行控制和评价，例如自我测试。这有助于学习者保持学习策略的有效性。当学习者发现自己有进步时，可以继续该学习策略，当学习者发现该策略效果差强人意时，就要提醒自己转换学习策略。

国内学者对学习策略的分类研究并不多，其中文秋芳将策略分为两大类：与学习过程有关的管理策略和与学习材料有关的语言学习策略。

钱玉莲在梳理了国内外学者对学习策略的分类后总结出一些共同特点，即各种分类主要区分了更语言学习直接相关和间接相关；一般的和特殊的或宏观的和微观的；学习语言和运用语言的；形式的和功能的；学习过程、学习机会和学习管理的；元认知的和认知的这几类概念。

尽管国内外学者对学习策略的分类各有不同，但是都提供了各种不同的学习策略。在词汇学习方面，由于词汇体量的问题，教师不可能在课堂完成所有的词汇教学，因此非常有必要对学生进行词汇学习策略的指导，从而帮助学生在课下的词汇学习。此外，词汇学习策略也将有效提高学习者的学习效果。根据齐聪的研究，英语善学者与不善学者在记忆、认知、补偿、元认知、情感、社交策略，以及总策略的使用上具有显著差异。而谭霞、张正厚通过调查发现，虽然目前还不清楚学习策略具体如何影响学习成绩，但是学习策略可以促进自主学习能力，并进而与学习成绩呈正相关关系。因此，指导学生的词汇学习策略学习不仅有必要，而且意义重大。

在教师开展词汇学习策略指导之前，需要注意几个方面。首先，教师需要确定要教哪些词汇学习策略；其次，教师需要考虑学生已掌握的以及喜欢的学习策略；再次，教师和学生不能将学习策略简单地等同于学习效果或学习成绩，学习策略的有效性还要取决于环境、熟练程度、使用频次、学习者风格等不同因素。最后，教师需要注意安排合理的时间，因为学习策略学习后，学习者还需要大量时间进行反复训练才能熟练使用。

3.1.3 高职院校非英语专业学生词汇学习策略指导流程

鉴于词汇学习策略的广泛性以及对其有效性有影响的变量过多，为词汇学习策略指导建立固定的模式很困难，而对于高职院校非英语专业学生而言，自学能力和英语基础薄弱又进一步增加了建立词汇学习策略指导模式的难度。本文尝试按照行动导向教学方法的流程来把词汇学习策略指导按照一门课程的方式进行设计，建立针对高职院校非英语专业学生的词汇学习策略指导模型。

按照行动导向教学方法的实施流程，词汇学习策略指导可以分成几个步骤开展。

1.问题提出

2.准备阶段

(1)描述目标，阐述课堂任务：掌握 3-5 个不同的词汇学习策略

(2)考虑前提条件和可行性：安排课堂时间

(3)评价学生的相关经验和对任务的理解程度：对学生进行词汇学习策略调查

3.实施阶段

(1)与学生约定要掌握的词汇学习策略目标

4.加工阶段

(1)教师提供听、说、读、写等不同词汇使用情境以及相关词汇策略知识

(2)小组讨论适合不同情境的词汇学习策略，形成报告

5.评估阶段

(1)分组展示小组报告

(2)试用各小组选择的词汇学习策略并进行调整

6.总结

(1)将学习成果即不同的词汇学习策略总结成图表形式，发布学习成果

(2)教师以及小组之间进行评价

3.1.4 讨论

根据高职院校非英语专业学生的实际需求，在不同学习环节中比较实用的词汇学习策略主要包括这样几类：1.听说环节：1)语音规律 2)拼读规则 3)复述 2.读写环节：1)猜测 2)单词结构 3)语法规则等。

因研究时间和水平限制，本文所提出的高职院校非一定英语专业学生词汇学习策略指导的流程和常用策略存在大量不足，笔者希望继续对英语词汇学习策略指导进行更深的探索与思考，争取进行更深入的研究，得出具有普遍使用性的结论，更好地帮助学生的词汇学习。

参考文献：

1.Gu，Y.，&Johnson，R.K.(1996).Vocabulary Learning Strategies and Language Learning Outcomes.[J]Language Learning 46(4)，643－79.

2.I.S.P.Nation.Teaching and Learning Vocabulary.Beijing： Foreign Language Teaching and Research press，2004.

3.Norbert Schmitt&Michael McCarthy.Vocabulary：Description，Acquisition and Pedagogy.Shanghai：Shanghai Foreign Language Education Press，2002.

4.范琳，夏晓云，王建平.我国二语词汇学习策略研究述评：回顾与展望[J]外语界.2014.6.30-47.

5.齐聪.大学英语不善学者学习策略培训的实证研究[D]东北师范大学，2010.

6.钱玉莲.第二语言学习策略的分类及相关问题[J]汉语学习.2005(6)59-63.

3.2　合作写作在高职公共英语课程中的应用

摘要：合作写作具有提高学生学习兴趣、学习效率的作用。本文尝试将合作写作模式应用于高职公共英语课程，进行教学设计。

关键词：合作写作，高职公共英语，教学设计

3.2.1 高职公共英语写作教学现状

《高等职业教育英语课程教学基本要求》(试用)中提到要培养高职学生的英语写作能力，要求高职学生能"填写表格和模拟套写常见的简短英语应用文，如：简历、通知、信函等"。而从各种调查中发现，目前我国高职学生英语写作水平却不容乐观。桑青在 2009 年开展的调查中发现，高职学生存在"写作动机狭隘"、"高分低能"和"费时低效"等问题；而曾艳在分析了 2017 百万同题写作活动的数据后发现，高职学生的写作语法修正能力较差，其错误修正率仅在 22.27%，在所有参赛大学生中居于末位；谭锴总结了高职学生句酷批改网的数据后，分析到高职学生存在中式英语普遍和语言错误频现的问题。

高职英语写作的教学也存在一些问题。桑青认为，高职院校英语写作教学存在较差单调滞后的问题，教法上也缺乏实际的沟通互动机会。戴丽娟观察了全国高职高专英语写作大赛后认为高职英语写作存在教学重点不明确、知识面受限、教学方式单一等问题。

3.2.2 合作写作简介

根据刘玉静和高艳的调查，虽然全世界的学者对于合作学习没有统一的定义，但是合作学习可以改善课堂内的社会心理气氛，大面积提高学生的学业成绩，因此在许多国家普遍采用。虽然定义难以统一，但是刘玉静和高艳总结了合作学习的基本含义，分别是以学校小组为基本形式；以互动合作为动力资源；目标导向以及团体成绩为奖励依据。

合作写作的概念和合作学习的概念一样宽泛，没有一个统一的定义。Linda K.Karrell 认为合作写作的定义有很多争议，Stillinger，Ede 和 Lunsford 等学者认为合作指"一起写作"或"多位作者"，而 Masten，London 和她自己则认为合作还包括其他情况，例如一位或几位作者没有意识到其他作者，或者作者远程合作，甚至与已过世的作者作品合作的情况。

虽然关于合作学习和合作写作的定义难以达成共识，但是大部分学者都认为合作学习和合作写作有很多优点。Andrea Lunsford 认为合作帮助学生发现问题及解决问题；合作有助于学习抽象概念；合作有助于知识迁移和同化，促进学生的跨学科思维和批判性思维；合作整体提高了学生成就，并鼓励学生的主动学习。Alma Milena Robayo Luna 认为，通过合作写作项目，学生可以提高学术写作水平以及写作规则意识。Idoia Elola 和 Ana Oskoz 研究发现，合作写作既可以实现二语写作学习目的，也促进组员之间的沟通，实现了"双赢"。

根据众多学者的研究发现，合作写作既能提高学生的写作能力，也能提高他们的沟通能力、团队合作能力等，因此对于高职院校的公共英语课程也具有一定的适用性。

3.2.3 求职信写作设计案例

根据 Stacie Renfro Powers 的观点，合作写作可以按照分组、分配角色、安排课堂时间、小组会议及监管、评价等几个环节的流程进行。根据这种方法，笔者将《求职信写作》课堂活动设计如下：

1.分组

合作写作成功的关键在于小组成员之间的合作，因此每个小组规模大小不宜差距过大，而且小组规模过大将带来沟通成本过高等问题，因此，将小组规模限制在每组 4-5 人，为了方便沟通和教师的监管，每组设一位组长作为负责人。

2.责任分配

每组组长负责统一协调任务，监督进度，掌控时间；组内一人负责范本及其他资料补充；一至两人负责书写；一人(要求英语基础较好的学生)负责语言错误检查。

3.时间限定

按照线上线下混合式教学模式，本次课程线上微课 10 分钟，课堂用时 90 分钟，其中小组会议及写作用时 50 分钟，小组互评 20 分钟，修订及教师点评 20 分钟。

4.小组会议

每小组由组长主持，商定任务分配，组织共同学习范文及常用句型等知识点。

5.同伴批改

每小组的写作成品与其他小组互相交换，要求为该作品打分并标识出所有语言错误。

6.自我评价与教师评价

根据写作任务完成情况进行小组自我评价打分，教师点评所有作品并给小组打分。每组得分由所有组员共享。

3.2.4 总结和反思

严密的计划是合作写作成功与否的关键，但是计划只是合作写作的一个环节，并不使合作写作成功的充分条件。对于高职学生而言，合作写作具有一些明显的优势，例如，通过合作可以降低学生的写作焦虑，减轻畏难心理，提高学生的写作动力；利用同伴影响促进学习，提高学习效果；通过小组会议提高学生的批判性思维和沟通能力；通过自我评价提高学生的写作自信；通过合作提高自学能力等。整体而言，合作写作所提高的不仅是学生的写作能力，而是全面的能力。

在看到合作写作优势的同时，我们也要注意合作写作的一些问题。首先，课堂失控现象。如果没有教师对课堂强大的把控能力，课堂可能出现小组会议跑题、小组争论引发冲突、时间拖延效率低下、小组互评不合理等众多问题。这也是很多教师认同传统的教师讲授法的原因之一。

需要注意的是，如果操作不当，合作写作也有一定的风险。我们需要防止为了片面追求课堂活动的热烈气氛而忽视了对小组活动的监管导致效率低下；还需要注意小组成员分工之间的合理性，避免一家独大，让小组活动成为个别尖子生的独家舞台；小组互评之间既要尊重学生的权利，也要注意不能放任学生，要警惕小组之间互送"人情分"、"面子分"，失去了公平。

参考文献：

1.Alma Milena，Robayo Luna and L.M.Stella and Hern.Collaborative Writing to Enhance Academic Writing Development Through Project Work.[C]Milena2013CollaborativeWT，2013.

2.Idoia Elola，Ana Oskoz.Collaborative Writing：Fostering Foreign Language and Writing Conversations Development.[J]Language Learning&Technology，2010，10.51-71.

3.Rbuiaee，Abdu&Darus，Saadiyah&Ab，Nadzrah.Collaborative Writing：A Review of Definitions From Past Studies.10.13140/RG.2.1.3932.7760，2016.

4.Stacie Renfro Powers，Courtenay Dunn-Lewis，and Gordon Fraser.Collaborative Writing Resources：A collaborative writing project.https：//writingcenter.uconn.edu/collaborative-writing-resources/#2019.

1.刘玉静，高艳.合作学习教学策略[M]北京：北京师范大学出版社，2011.

2.桑青.提高高职学生英语写作能力之研究.[D]华东师范大学，2009.

3.曾艳.互联网+背景下高职公共英语写作教学大数据的收集与应用.[J]探索者.2018.6.80-83.

4.谭锴.基于网络高职学生英语写作能力的探讨.[J]襄阳职业技术学院学报.2018.9.31-34.

5.戴丽娟.从全国高职高专英语写作大赛看高职学生写作能力的培养研究[J]现代交际.2019.13.200-201.

3.3　基于课堂派的高职公共英语课程混合式教学设计案例

摘要：混合式教学因结合了传统课堂教学和在线学习的优点而日益受到一线教师的欢迎。本文利用微信平台课堂派设计了一堂高职公共英语课程《外企求职面试》。

关键词：课堂派，高职公共英语，混合式，教学设计案例

3.3.1 简介

移动互联网时代，混合式教学(blended learning)随着智能手机和平板电脑的普及而日益受到欢迎。何克抗教授认为混合式教学兼具了传统课堂教学和网络学习的优势，既发挥教师引导、启发和监控教学过程的主导作用，又充分体现学生的学习过程主体性地位，实现了教学效益的最大化。

3.3.2 混合式教学设计案例

课题：外企求职面试

(一)课程概述及单元整体设计

本《大学英语》课程是公共基础课，面向高职高专所有专业一年级学生开设，共计 2 学期，每学期 16 周，每周 4 课时，2 个学分。《外企求职面试》为第二学期最后一个单元内容，学习时长 4 个课时(45 分钟/课时)。

依据职业教育教学改革要求，基于 SPOC 的线上线下翻转课堂的教学理念，采用任务驱动教学法，以计算机软件技术专业学生毕业求职为背景进行教学设计，完成求职面试的过程。充分利用国家级精品资源共享课、职业学校企业生产实际教学案例库等相关教学资源，发挥各种现代化教学手段及应用软件，开展"课前导预习、课上导学习、课后拓展"的教学活动。

课前，教师将课前学习资源上传到课程平台，并通过课堂派、手机邮箱、QQ 群、微信等发布课前预习通知。学生接到预习通知后，下载教师上传的信息化教学资源进行自主学习，拓展了学习的时间与空间，极大地提高了学生的学习效率。课上，利用课堂派课堂教学软件进行任务书的下发，学生按照任务书要求以小组为单位，实施任务作业，教师针对现场学生的演练情况，分组指导，实现差异化教学。并利用课堂派课堂打分程序，进行课堂互动即时考核。最后教师总结并布置课后作业。课后，学生通过网络课程平台完成课后作业和单元测试，并对感兴

趣的问题进行提问。通过各种求职应聘等实际项目案例,拓展学生的职业能力。

(二)教学目标

1.知识目标

1)了解外企面试基本流程

2)了解外企面试常见的问题

3)掌握外企面试应答常用句型、短语

4)掌握自我介绍常用句型、短语

2.技能目标

1)能够较为熟练地应答外企面试中的常见问题

2)能够较为熟练地进行职场环境中的自我介绍

3.素质目标

1)能够较好地表现出外企面试中握手、入座、道别、措辞等礼仪

2)能够具有一定的自我认知能力,能够较为清晰地认识自己的优缺点

(三)教学思想和方法

坚持"以学生为中心",针对学生的专业和水平,根据学生的需求提供学习资源,利用课堂派教学平台开展线上线下混合式学习,鼓励自学和团队合作学习。

主要采取任务驱动和合作探究的教学方法,教师布置任务,师生通过研讨,小组为单位讨论研究、搜集资料并实施任务。

(四)教学流程

1.课程导入:(目的:基本了解求职面试的基本流程)

教师活动:上传视频至教学平台;布置预习任务和提问

学生活动:观看求职面试视频并回答平台上的问题

2.课堂讨论和练习:(目的:成功应对外企面试)

学生活动:分组总结及汇报面试常见的提问问题、应答的常见思路;分组模拟练习。

教师活动:点评学生汇报成果及纠错。

3.总结和作业

学生活动:小组成绩互评

教师活动：记录成绩并布置课后在线练习。

3.3.3 总结和反思

混合式教学作为一种新型的教学模式，在提高学生的自学能力、学习兴趣、课堂参与方面具有明显的作用。在高职公共英语课程中使用混合式教学，能够更好地提高教学效果。

参考文献：
1.李逢庆.混合式教学的理论基础与教学设计.[J]现代教育技术.2016.9.18-24.
2.王莹.开放大学混合式教学研究：反思与展望[J]成人教育.2018.10.23-28.

3.4 巧妙设计学生活动，提高口语课堂有效性

摘要： 当今时代要求口语教学的目标是提高学生的交际能力，而不是学生死记硬背或答写试卷的能力。因此如何提高学生的交际能力，提高英语口语课堂的有效性成为口语课堂的一个
关键。本文提议通过课堂讨论、等方法鼓励学生开口，提高英语口语课堂的有效性。

关键词： 开口；口语课堂有效性；

口语是第二语言学习和教学的重要组成部分。尽管口语教学很重要，但多年来，口语教学一直被低估，英语教师一直在继续教授口语，就像重复练习或背诵对话一样。然而，当今时代要求口语教学的目标应该是提高学生的交际能力，因为只有这样，学生才能表达自己的想法，学习如何遵循社会和文化的规则，顺利应对每个交际环境。

3.4.1 口语教学的内容

教外语学习者口语意味着，要教会学习者语音及语音模式发音；正确使用第二语言的单词和句子重音、语调模式和节奏；根据适当的社会背景、受众、情境和主题选择合适的词语和句子；以有意义的逻辑顺序组织自己的语言；恰当地表达自己的观点、感受等；流利地使用第二语言，较少出现不自然的停顿。

3.4.2 口语课堂活动设计

目前口语教学中最常见的教学方法就是交际教学法，即通过互动进行学习。交际性语言教学是建立在需要交际的现实情境之上的。通过在 ESL 课堂上使用这种方法，学生将有机会用目标语言进行交流。简而言之，ESL 教师应该创造一个课堂环境，让学生有真实的交流，真实的活动，和有意义的任务，提高口语。在口语课堂中，如何设计活动来促进学生之间的真实交流，成为教师的一项重要任务。

1.新闻报道

教师在课前提前布置浏览新闻的任务，课堂上指定学生为全班汇报自己浏览的新闻内容。教师还可以按照新闻类型根据学生的兴趣爱好将学生分配为时政新闻记者、体育新闻记者、娱乐新闻记者等不同角色，以提高学生浏览新闻的兴趣。

2.讨论

基于内容的课程(例如阅读课)结束后，可以组织学生的讨论。学生们的目标可能是得出一个结论，分享一个事件的想法，或在他们的讨论小组中找到解决方案。在讨论之前，教师必须确定讨论活动的目的。这样，讨论点就与这个目的相关，这样学生就不会把时间浪费在闲聊上。为方便讨论，教师可将学生分为每组4-5 人。为帮助程度较差的学生，可以给每组提供一些例句。然后每个小组在限定时间内就他们的主题进行研究，并向全班同学提出他们的观点。讨论中需要注意，可设置小组长进行监督，保证小组成员之间平等分配发言时间和机会。

最后，每小组一位学生代表向全班汇报话题及解决方案或观点，各小组之间互相评议，可以设置不同奖项来鼓励学生的讨论认真程度，如最佳方案奖、最佳陈述奖等。这个活动可以培养学生的批判性思维和快速决策能力，以及在与别人观点不一致时如何礼貌地表达反对意见。

为了提高小组讨论的有效性，最好不要组成过大的小组，避免每个人发言时间太短以及有部分学生逃避发言。此外，分组时，小组成员可以由老师分配，也可以由学生自己决定，但是在每次讨论活动中都应该重新安排小组，这样学生就可以和不同的人一起工作，学会接受不同的观点。最后，在课堂或小组讨论中，无论目的是什么，都应该鼓励学生提出问题，解释观点，表达支持，检查澄清，等等。

3.角色扮演

让学生说话的另一种方法是角色扮演。学生们假装自己处于不同的社会环境中，扮演着不同的社会角色。在角色扮演活动中，教师向学习者提供信息，如他们是谁，他们的想法或感受。因此，老师可以告诉学生"你是玛丽，你现在肚子疼，要去医院"。

4.配音

和角色扮演比较相似的活动还有配音，例如选取某经典电影的片段，先让学生自由选择喜欢的角色，观看后关闭声音再次播放视频，由几位学生为电影配音。在选取视频时，应注意选取语速不要太快、台词不要太长并且角色之间台词长度差距不能太大。配音的最大优势在于语音语调的练习，所以教师可以选取语速较慢的视频片段供学生练习。

5.模仿

模拟与角色扮演非常相似，但是模拟与角色扮演的不同之处在于模拟更加精细。在模拟中，学生可以把物品带到课堂上，创造一个真实的环境。例如，如果一个学生扮演一个歌手，她可以带着麦克风唱歌等等。另外，

角色扮演、配音和模拟在口语课堂上非常实用。首先，由于主要采取娱乐式的形式，这几种活动能有效提高学生对课堂的参与程度；其次，由于台词可以提前预知，在某种程度上降低了开口的难度，所以有助于提高学生的自信；另外，对于性格较为内敛的学生而言，扮演成别的角色有助于减轻心理障碍，提高他们

的表达欲望。

6.信息差

教师向所有学生布置某项任务，然后将学生分成两人一组，只向其中一个人提供信息。信息获得者则需要向搭档转述该信息。为完成任务，信息获得者必须将信息转述准确，信息接受者则需要通过询问等方法再次确认信息的完整性和准确性。因此，即使任务简单，信息剪短，也可以促成搭档两人之间的有效沟通。

7.头脑风暴

教师给定主题，以小组为单位或以班级为单位进行头脑风暴。为鼓励学生的发言，应限定时间并且发言结果记录者(可以是教师)不对结果做任何评价。头脑风暴的优点在于学生的自由度很高，学生没有说错答案需要程度后果的顾虑，因此课堂参与度很高。此外，由于无需单个学生按照顺序发言，对于不自信的学生而言，可以降低他们的焦虑，从而鼓励了他们的发言。

8.讲故事

每次课堂可邀请一位或几位学生给全班讲故事。故事可以是从书里看来的，也可以是自己原创的。讲故事有助于培养学生的创造性思维和逻辑性思维，有助于提高学生口语表达的条理性。对于缺少素材的学生，教师可以在课前提供阅读材料，帮助准备，以减低难度。

9.故事接龙

讲故事活动的另一个翻版就是补充故事。教师可以安排学生围坐成圆圈，老师给故事开头，但是不要讲完。之后，每个学生按照座位依次往后接龙故事，教师可以规定每个学生故事的长度，例如每人五句话。此外，教师随时可以插入故事，给故事增加人物、事件或描述等。故事接龙可以非常好玩，但是教师在操作中需要注意把控全场，当心有的学生把故事很快结尾，或者由于情节过于搞笑而导致场面难以控制。

10.采访

学生可以与不同的人就选定的话题进行采访。教师可以为学生提供采访大纲，这样学生

就知道他们可以问什么类型的问题，或者遵循什么路径，但是学生应该自己

准备采访需要提问的具体问题。采访结束后，每个学生都可以向全班展示自己的学习情况。教师可以鼓励学生采访课堂以外的人员，但是要将难以控制采访是否按照要求使用所学外语的情况考虑在内。

11.卡片游戏

教师提前制作一些话题卡片，例如在卡片正面写上一个关键词，如"金钱"、"友谊"、"假期"等。将学生分成4-5人小组，并分发几张卡片由小组自由抽取。抽取卡片后，由小组成员每位学生在卡片背面各写下一个可以就该话题进行提问的问题。如"你认为友谊重要吗?为什么?""你认为应该如何维护友谊?""你认为一个人应该拥有多少朋友?"等。教师在活动前应该说明，不能准备答案过于简单的问题，如果问题过于简单，则由其他成员或教师追加问题。

3.4.3 口语课堂活动注意事项

1.尽可能提供机会让学生练习

教师在设计活动时，活动应涉及到学生之间的协作，提供素材应尽可能真实，话题应贴近学生生活，以此提高学生的参与度。

2.鼓励学生的参与

为避免有的学生在小组中发言过少，教师可以采取不固定分组、精神或物质奖励、为部分困难学生提前准备半成品问题等方法。此外，关键性的词汇应该在课前提供，方便学生提前准备。

3.教师不能过多干涉

口语课堂上教师不能过多占用课堂时间，只需要布置好任务，安排好学生活动，观察学生的表现，及时给予反馈和纠正即可。

4.教师纠错不宜过多

如果一位学生的发音错误、或语法错误被纠正次数过多，该学生很容易失去思维的连贯性以及继续发言的自信。教师可以记录该学生的系统性错误，在课后给予单独指导。

5.教师不宜失去对课堂的掌控

虽然学生是活动的主体，但是口语课堂比阅读课堂更容易出现失控现象。因此，教师既需要保证学生活动的学生主体位置，又不能完全放任不管。教师可以采取在教室内各个小组间巡回的方式进行监控并随时纠偏。

3.4.4 结论

口语教学是外语学习的重要组成部分。即使在互联网时代，课堂学习仍然是大部分学生主要的学习渠道，因此提高英语课堂的口语教学效率十分必要。通过不同的课堂活动，可以有效提高学生的口语交际能力，切实提高外语学习效果。

参考文献：

1.McDonough，J.and C.Shaw.Materials and Methods in ELT：a Teacher＇s Guide.[M]Malden，MA；Oxford：Blackwell，2003.

2.Harmer，J.The Practice of English Language Teaching.London：Longman，1984.

3.Nunan，D.Practical English Language Teaching.NY：McGraw-Hill，2003.

第 4 章　文学研究

4.1　非此非彼——《典型的美国佬》中的文化身份问题研究

摘要：20 世纪 90 年代，美国华裔文学掀起了第二次高潮。《典型的美国佬》作为该时代的代表作品，展示了美国华裔的身份认同问题。本文借助霍尔的散居族裔文化身份理论，分析了《典型的美国佬》中以拉尔夫·张为主的人物的文化身份问题，认为拉尔夫·张的文化身份受中国文化、美国文化以及美籍华裔文化的影响，具有杂交性和流动性的特点。

关键词：《典型的美国佬》，文化身份，杂交性，流动性

4.1.1　简介

20 世纪 90 年代，美国华裔文学掀起了继 60 年代之后的第二个高潮。其中，作家任碧莲以优秀的作品、独特的风格吸引了普通读者和评论家的注意。她的代表作《典型的美国佬》和以往美国华裔文学作品不同，没有关注唐人街的劳工阶层，而是首次将关注点放在受过良好教育的中产阶级华裔。通过三个中国留学生在美国生活、工作的经历，尤其是他们想方设法要挤进美国主流社会的艰难历程，作者探讨了华裔文学的共同主题——华裔的文化身份问题。

4.1.2　散居族裔文化身份理论

"散居"(diaspora)一词是后殖民主义理论和文化研究的关键词。"diaspora"一词源于希腊语"diaspeir"，意为"分散"。该词最初指农业种植中散布种子的现象，公元前 3 世纪-公元前 2 世纪，在希腊语的《圣经》中，出现了"diaspora"散居一词，指公元前 5 世纪古巴比伦沦陷后，散居在以色列以外的犹太人。20 世纪 60 年代，乔治·谢泼森首次将该词用于居住在非洲以外地区的非洲裔，之后该词汇广泛用于被迫散居在其他国家的人们。在韦氏词典(第二版)中，对"diaspora"共有六条解释，"古巴比伦沦陷后居住在巴勒斯坦以外的犹太人；居住在巴勒斯坦或当代的以色列以外的犹太群体；以下几种国家：散居后回归的犹太人；任何离开一个国家或地区的移民团体；从祖国被驱离的群体；主流宗教人群中的少数宗教团体"。

众多学者对"身份"有着不同的定义。其中，后殖民主义学者霍尔(Stuart •Hall)在《文化身份与散居族裔》中提出了对"文化身份"的两种不同思考。第一种思路将文化身份看作一种共同的文化，即拥有共同历史和祖先的人们。另一种思路既看到人们身份中的共同特点，也看到了人们之间深刻的不同。霍尔认为第二种观点更符合散居族裔的情况。他认为文化身份深受历史、文化、权力的影响并经历着持续变化。霍尔以自己为例，分析了加勒比散居族裔文化身份的三个在场，即非洲在场、欧洲在场以及"新世界"在场。他认为，对他而言，非洲在场在日常生活中无所不在，而欧洲在场是主要权力，而"新世界"对于散居族裔而言，意味着"多元化"、"杂交性"以及"差异"。

4.1.3 影响拉尔夫·张文化身份的三个在场

霍尔认为，对于加勒比散居族裔而言，非洲在场体现在从语言、到姓名，再到生活风俗及宗教信仰等种种方面，但是由于奴隶制的历史原因，非洲在场都是以密码形式"隐藏"在生活中的。对于《典型的美国佬》中的男主角拉尔夫·张，中国在场并没有受到压抑。

中国文化对拉尔夫的影响在其父亲和姐姐身上体现的尤为明显。拉尔夫在申请政府资助留学项目时，拉尔夫的父亲作为前任政府官员拒绝"走后门"，导致拉尔夫最终没有入选。最后，拉尔夫的父亲自费将儿子送到美国读工程学。拉尔夫也认同父亲"正直"的做法。拉尔夫的姐姐特蕾莎则给拉尔夫树立了家庭责任心方面的榜样。特蕾莎身为长姐，时刻以家庭为责任。为了妹妹顺利订婚，她放弃了心上人，而是按照父母的意愿与"门当户对"的陌生人订了婚。为了弟弟拉尔夫的自尊，她宁愿放弃奖学金并向弟弟隐瞒了自己比弟弟更加优秀的事实。此外，拉尔夫的家庭结构并非"典型的"美国家庭，即仅包括父母和孩子的核心家庭。特蕾莎作为姐姐，在拉尔夫远在美国的家庭里，更多的时候扮演了家长的角色。然而，当

她发现拉尔夫对自己言听计从导致拉尔夫夫妻关系不和时，又从这个家庭中退出，为拉尔夫的家庭和睦做出了最大的牺牲。

美国文化对拉尔夫的文化身份的影响和中国文化一样明显。在拉尔夫遭遇学业挫折时，皮尔斯教授给了他一本题为《积极思考的力量》的书。

该书出版于 20 世纪 50 年代，是当时最畅销的成功学书籍。拉尔夫为书中"我可以通过基督做到任何事，是基督给我力量!"的引言而震撼，并将书中的标语摘抄贴在钱包里，时刻激励自己。这种对自己的强大信念是拉尔夫之前从未体验过的。社会学家尼克·比加特(Nicole Biggart)认为，美国人这种对自己力量以及奇迹的信念源于美国殖民地历史时期，清教徒为追求自由而产生的独立精神。

除了皮尔斯教授外，格鲁佛·丁也在很大程度上影响了拉尔夫理解美国人的价值观。格鲁佛·丁尽管也是华裔，但是因为家族在美国生活时间太长，而对中国一无所知。在拉尔夫眼中，格鲁佛·丁是典型的"成功的美国人"，拥有大量财富，家庭美满。甚至在格鲁佛的助理查克眼中，他也是值得效仿的榜样人物。这位成功的美国人一举一动都让拉尔夫惊讶不已。他以自我为中心、做任何事情毫无顾忌，拉尔夫认为格鲁佛的一切都违背了他从中国家庭中必须遵守的规矩。在拉尔夫和格鲁佛的第一次见面时，格鲁佛就嘲笑拉尔夫以"家乡"定义一个人的身份，并教会他用"职业"定义一个人的身份。拉尔夫来自农业文明的中国，接受了农业文明以"家乡"作为身份的象征。而格鲁佛坚信，一个人的身份是由自己所选择的职业所决定的。除了自由主义价值观外，格鲁佛教给拉尔夫的另一个观念是关于物质财富。自欧洲殖民者抵达北美洲，他们没有了贵族制及世袭的

财富，因此个人努力而获得物质财富被视为值得尊敬的行为，而个人财富的多少也就成为了评判一个人成功与否、社会地位高低的重要标准。

除了对物质财富的崇拜之外，拉尔夫还接纳了白人至上的观点。在他等待签证的时候，他周围的白人对他并不友好。房东只因他是中国人就拒绝租房给他，因为中国人会"带来虫子"，另一个房东则因为他频繁使用电话而威胁他要杀了他。尽管在美国，博士的身份普遍受到人们的尊重，但是拉尔夫这个博士，仅仅因为是华人，就被房东看作低人一等。即使多年以后，拉尔夫搬入错层别墅，过上了中产阶级的生活，他们一家也还生活在自卑感中。先是拉尔夫的妻子发现邻居们对他们一家小心谨慎，有一家邻居不仅每天都观察他们一家的生活，甚至每天还当着拉尔夫一家的面擦枪。

住房并不是拉尔夫一家在美国碰到的唯一的难题。拉尔夫初到美国留学时，对留学生事务秘书凯米很感兴趣，而凯米也对拉尔夫很感兴趣。但是，尽管凯米经常和拉尔夫一起玩学汉字的游戏，接受拉尔夫的礼物，但是最后没有接受拉尔夫的求爱，而是和已婚的白人主任搞起了婚外恋。凯米不能接受拉尔夫作为与她平等的恋人，并非因为拉尔夫不够帅，不够有钱，背后深层次的原因在于当时美国主流社会对华裔男性的形象仍然停留在 20 世纪 30、40 年代充斥在媒体上的陈查理侦探等身材矮小、鬼鬼祟祟、女性化的形象上。媒体对华裔男性形象的刻画，使得凯米没有勇气打破陈规，接受拉尔夫的求爱。

拉尔夫一家在观看垒球比赛时，对白人至上主义有了最深刻的体会。尽管他们一家自认为已经步入中产阶级，有着中产阶级典型的体面工作，体面的房子，也对中产阶级热衷的体育运动同样抱有浓厚的兴趣。值得一提的是，他们最喜欢的球队扬基队是美国最受欢迎的球队之一。拉尔夫一家对扬基对的比赛一场不落，但是当他们到比赛现场观看比赛时，被其他观众侮辱，骂他们是"洗衣房的中国人"。拉尔夫一家非常震惊，他们自认为比很多美国人优越得多，但是其他观众只看到他们的亚洲人外貌，就判定他们是低层次的人。

平库斯教授对于拉尔夫而言，代表了美国在场的另一个方面。当拉尔夫因签证过期向教授求助时，平库斯教授不但没有提供任何帮助，而是侮辱拉尔夫"如果你想撒谎，想偷偷摸摸，你应该回中国去。这里是美国，哦我们都是有道德的。"

平库斯教授将中国人等同于"撒谎"、"偷偷摸摸"，将美国人等同于"道德"，宣扬这种白人至上主义的平库斯教授其实也并不是美国人，而是和拉尔夫一样来自异国他乡的少数族裔。身为犹太人的平库斯教授隐瞒了自己的种族背景，宣称自己是美国主流社会的一份子，并公然表达对美国少数族裔的蔑视。就在几年之后，拉尔夫一家，同样作为少数族裔，对同为少数族裔的非洲裔美国人表达了同样的歧视，这不可谓不讽刺。

对拉尔夫而言，他们一家在美国的定位，受到很多美国人价值观的影响。这其中，有皮尔斯教授传授给他的"自立"精神，有格鲁佛·丁展示出来的自由主义、物质主义精神，也有他们一家所经历的白人至上主义。这些价值观既吸引了拉尔夫一家积极融入美国主流社会，也给他们的融入带来了很大困难。

美国华裔文化是影响拉尔夫一家文化身份的第三个在场。拉尔夫在 20 世纪40 年代到美国留学。当时，美国刚刚废止了制定于 1882 年的《排华法案》。一方面，这让拉尔夫能够顺利到美国留学，另一方面，拉尔夫到美国后不再同以往的在美国的华人劳工同胞一样聚集在唐人街，而是更多地接触到美国精英阶层。这对拉尔夫的文化身份构建影响深远。中国人在美国的留学潮始于 20 世纪 20 年代，并在 1948 年美国通过《流散人员法案》后形成一股高潮。1925 年-1949 年间，美国大学中占据人数最多的外国人就是中国人。中国留学生自成一个群体，和之前移民美国的劳工阶层有着明显区别。而拉尔夫受到了更多的来自这个留学生精英群体的影响。老赵既是拉尔夫的同学，也是他的同事，对拉尔夫的影响不可谓不大。在留学期间，拉尔夫碰到的第一个难题就是起英文名。而老赵巧妙地融合了中美文化，让父亲给他挑选英文名。老赵的父亲为他挑选了"Henry"这个贵族常用的英文名，表达了对老赵能在美国跃居上层社会的期望。同样是生活在美国的少数族裔，同样碰到了种种困难，老赵却很少在中美两种文化之间挣扎。他总是尽量寻找两种文化的共同点。在获得终身教职后，别人问到老赵成功的秘诀。老赵并没有使用美国人常说的"运气"一词，而是用了中美文化中都尊崇的品质"勤奋"。靠着中美文化中共同的品质特征，老赵获得了在中美文化中都认可的成功。一方面，他学术成就突出，另一方面，他凭借职位，先后拥有三部汽车，一栋大房子，受到很多人的嫉妒。同样是生活在两种文化之间的少数族裔，老赵完美地找到了自己的定位，并将这种定位转化为自己的优势。

　　总之，拉尔夫的文化身份受到了中国文化、美国文化以及美国华裔文化三个在场的影响。拉尔夫的父亲和姐姐向拉尔夫展示的是中国人"正直"的价值观以及强烈的家庭观念；皮尔斯教授展示了美国人自立精神，而拉尔夫的邻居们以及观赏球赛的球迷们诠释了白人至上主义；拉尔夫的同学兼同事老赵则展示了成功融合中美文化的美籍华裔文化。

4.1.4 拉尔夫·张文化身份的杂糅性和流动性特点

　　程裕祯将文化分为四个层次，而拉尔夫在文化的四个层面都与中美文化有直接接触。无论是在文化的哪一个层次，拉尔夫都不是完全地坚持某一方文化，而是将两者混搭。

　　在老赵家的中式宴席结束后，与格鲁佛初次见面的拉尔夫抱怨说没有吃饱，于是又和格鲁佛去美式快餐店吃了一顿。在家里，拉尔夫也是将中餐和西餐并列，同一顿饭既有热狗也有米饭，更有甚者，热狗是用中式的烹饪方法来制作的。中美饮食文化的杂交在拉尔夫家的餐桌上体现得淋漓尽致。在拉尔夫创业开了快餐店后，他邀请全家去吃炸鸡。他"衬衣口袋里别着两支自动铅笔"，"戴着白色围裙"，俨然一副中国学者和美国商人形象的合体。

　　在风俗方面，拉尔夫一家不仅过中国的春节，也过西方的圣诞节。拉尔夫的宗教信仰也很复杂。在因签证过期而孤独且绝望的日子里，小娄是唯一一个来看望他的朋友。因此，他常把小娄比作不能提供任何实际帮助，但是能给人安慰的菩萨。之后，他找到了一份枯燥单调的屠夫工作，他常常将自己想象成与世隔绝，牺牲自我的基督教传教士。当他的姐姐特蕾莎因车祸入院后，他不仅向耶稣基督、圣母玛利亚祈祷，也向自己的祖先、已逝的父亲祷告。不得不说，拉尔夫的宗教信仰掺杂了西方的基督教、东方的佛教、中国祖先崇拜。

　　拉尔夫的家庭观念也杂糅了不同的东西方理念。一方面，他用球队的名字为自己的家庭命名，强调一家人要平等、合作。另一方面，他不仅仅把格鲁佛看做生意伙伴，而是孩子们的叔叔。他甚至编造了故事，说格鲁佛是他家的一个远亲，来加强与生意伙伴的亲密关系。

拉尔夫·张文化身份的另一个特点是流动性。霍尔认为文化身份是"永未完成"的产品，文化身份"不断变化"。拉尔夫文化身份的流动性最明显的体现就在他对家的理解。甫一踏上新大陆，拉尔夫就一直在思索家的含义。在与姐姐重逢以及结婚之前，拉尔夫认为家就是中国，就是故乡，就是他在故乡的亲人。然而距离遥远，他无法实现家庭团聚的梦想，于是他就将在美国的房子填满对家乡亲人的回忆，家乡带花园的房子，叔叔们，和表兄表弟一起游戏的经历，中学入学第一天遇到的尴尬，等等。然而，随着战争爆发，他的留学签证到期，他发现所有美好的回忆也难以为继。幸运的是，正当他的家园梦想要破碎时，姐姐从中国赶到了美国，出现在他的眼前。姐姐介绍了海伦和拉尔夫认识并相恋、结婚。拉尔夫的"家"终于从梦想走进了现实。正如小说第二章标题所说，这个三人之家和他们所住的破破烂烂的公寓一样，危危可及。拉尔夫希望如同中国传统家庭一样，丈夫发号施令，妻子言听计从。然而，拉尔夫在事业上无法超越妻子，只能在日常生活中建立丈夫的权威，不允许妻子有任何秘密，从烹饪方法甚至到如何呼吸，都要求妻子听从自己的指令。异国他乡，无人咨询，拉尔夫自己反复琢磨丈夫和妻子应尽的义务，尽可能地模仿中国传统家庭的一切。他甚至希望拥有中国古代的一夫多妻制，认为这样可以补救婚姻中的问题。聊天的时候，拉尔夫讲到一个人家园被毁，于是按照旧貌重建家园。拉尔夫的姐姐指出，他们也在做同样的事情，拉尔夫将在中国的家庭结构移植到美国这片新大陆上。

但是拉尔夫一家人对"家"的概念在美国已经悄然变化。参观了老赵的新房子后，拉尔夫一家将对"家"的关注逐渐转移到新房子、大房子上。所幸，梦想很快实现，搬进了新房子，夫妻之间争论的也从彼此之间的行为举止变成了诸如修草坪之类与房子有关的问题。他们相信，高层次的家庭住高档次的房子。可悲的是，拉尔夫日渐将家的概念物质化，认为家就是房子，房子里的家具，因此逐渐痴迷于挣钱，而对家人日益疏远。先是认为姐姐的婚外恋给他"丢脸"，将姐姐排除在家庭活动之外，后来甚至将姐姐从新房子赶了出去。后来，受到冷落的妻子又被格鲁佛勾引，拉尔夫的家正如同他的炸鸡事业一样，像标题暗示的那样"摇摇欲坠"。直到拉尔夫经营的炸鸡店因房屋地基不牢而导致生意受损，他才意识到问题。危机此起彼伏，曾经用来维系家庭关系的金钱如今却带来了更多的争执和纠纷。拉尔夫再次认识到家庭成员团结一致的重要性，并且认识到了家不是仅靠金钱维护，而是需要家庭成员之间互相的守护、呵护。当然，拉尔夫为这个醒悟付出了巨大的代价。他对妻子的怀疑被证实后，他一怒之下，打算开车行凶，却意外地撞伤了自己的姐姐。姐姐苏醒的消息传来后，拉尔夫满脑子里想到的竟然是姐姐和男友老赵在一起的画面。最后，在相互理解的基础上，他们最终又开始了家园重建。

凯利·詹妮弗说过，文化身份的构建要更多考虑构建的"途径"，而不是"根源"，霍尔也认为文化身份既属于未来，也属于过去。拉尔夫的文化身份构建也经历了不同的时期。正如小说最后的开放式结尾一样，拉尔夫的文化身份最终去向也是无法预知的。

4.1.5 结语及讨论

作为生活在两种文化中的散居族裔，拉尔夫的文化身份构建受到了中国文化、美国文化以及华裔文化的影响。在两种文化之间，拉尔夫的文化身份体现出了杂糅性和流动性的特点。

值得注意的是，并不是只有散居族裔才被夹杂在两种不同文化之间。全球化时代，每个人都面临着类似的文化身份困境。一方面，很多专家在为文化同质化忧心忡忡，乔治·里茨尔创造了"麦当劳化"一词，指出城市呈现出"万城一面"的局面。文化学家亨廷顿也曾预计出后冷战时期的文化碰撞现象。诚然，我们可以看到文化交流带来了文化融合的现象，但是每个人背景不同，在文化融合中也会创造截然不同的身份，找到自己的位置。全球化时代，人们应该将文化的碰撞作为一种机遇，而不是危机。

参考文献：

[1]Random House，Random House Webster Unabridged Dictionary[W].New York：2005，548.

[2]Hall，Stuart."Cultural Identity and Diaspora."Colonial Discourses and

Postcolonial Theory： A Reader.Eds.Patrick Williams&Laura Chrisman.New York：Harvester Whaeatsheaf，1993.392-403.

[3]程裕祯.《中国文化要略》北京：外语教学与研究出版社，1998：3.

Jennifer，Kelly.Borrowed Identities.New York：Peter Lang，2004.

[4]Ritzer，George.《麦当劳梦魇—社会的麦当劳化》北京：中信出版社，2006.

4.2 浅析《华女阿五》中饮食在身份构建中的作用

摘要："美国华裔文学之母"黄玉雪在其自传《华女阿五》中探讨了作为华裔女性的身份问题，而这部自传因对饮食的大量描写而受到文学评论界的批评。文章将从性别、种族、文化的角度分析在这部自传中饮食对主人公身份构建的重要作用。

关键词：《华女阿五》；饮食；性别身份；种族身份；中西文化沟通

黄玉雪(1922-2006)被著名美国华裔作家汤亭亭誉为"美国华裔文学之母"，其自传《华女阿五》受到国内外读者的广泛欢迎，半个世纪以来已连续再版五次。然而文学评论界对这部自传，尤其是对其中大量的饮食描写褒贬不一。金伊莲认为，《华女阿五》能够获得成功在于作者借叙述华人在美的生活"取悦并启迪了华人以外的读者群"。吴冰也认为，黄玉雪为了"满足追求'异国风情'、对中国和华人一无所知且兴趣仅在于中国'饮食文化'的美国读者"。林瑛敏则评价说，《华女阿五》在 20 世纪 50 年代受到热烈欢迎是因为当时白人读者需要分清朋友和敌人，鉴于此，作者在书中加入了大量的中国文化和风俗的描写。然而，尹晓煌却认为黄玉雪的自传主要描述了美国华裔社群普通的方面，不是中国文化中异国情调的方面。而作者大量描写中国食物是因为她发现食物是中国生活中最受欢迎的话题，并且，中国食物帮助她在美国立足。笔者将从性别、种族、文化的角度分析在这部自传中饮食对主人公身份构建的重要作用，从而重新阐释书中存在大量饮食描写的其他可能原因。

4.2.1 饮食和性别身份

饮食伴随着黄玉雪性别身份构建的几个不同阶段。她的性别意识萌芽于弟弟出生时家里举行的盛大宴会。值得一提的是，母亲将婴儿肤色喻为食物烘烤时间不同导致，意在宣扬种族平等，但是庆祝婴儿出生的宴会上丰盛的食物却向黄玉雪揭示了性别的不平等。黄玉雪兴奋地在厨房帮忙煮猪蹄、红蛋，热切地盼望着宴会。但是当父亲解释举办宴会的原因是有一个儿子"续黄家的姓"，尤其是姐姐无意中透露出只有男孩子才有特权为之举办宴会时，她顿时发现了性别之间巨大的差异。如果说这次宴会是黄玉雪无意中领悟到性别不平等的开始，那么在系统的烹饪学习中黄玉雪则有意识地接受了传统性别角色。在篇幅不长的自传中，黄玉雪用了整整一页来讲述平日不担任家庭烹饪工作的父亲指导自己学习煮米饭的经历，并以未来婆婆的满意程度来强调煮米饭的程序。作为男性家长，父亲向年幼的女儿指导和强化的不仅仅是一项生存技能训练，更是中国传统女性在家庭中顺从低下的地位。

黄玉雪在对自己家庭的细致观察中也体会到了性别的不平等。除对女性的烹饪作品进行评价外，男性还可以通过食物的购买掌握权力。大萧条时期，黄玉雪代替母亲采购全家的食品，但是最重要的主食都是由父亲决定的，因为大米是"命根子"。通过控制全家主食的购买，父亲牢牢地掌握了男性家长的地位，并通过其他的方式强化统治。如买大米时附带的竹茎会成为惩罚不服从自己的孩子的工具，教育他们成为"孝"子。这时，家中惟一能够提出抗议的就是同样是男性的弟弟，黄玉雪和妹妹对父亲只能遵从，没有反驳其权威的勇气。

黄玉雪在姐姐的婚礼上也同样感受到了中国传统女性所受到的压迫。正如书中其他仪式一样，对婚礼的描写也充斥着大量的饮食意象，有从中国进口的蘑菇，数不清的肥鸭，香甜可口的海产汤，不同做法的整只雏鸽和鸡，夹在青草里的龙虾和对虾"。宾客们对婚礼最感兴趣的不是新娘，而是食物。而在食物多得"吃也吃不完"的情况下，新娘却没有权利在自己的宴会上吃任何东西，因为她只是婚礼的"装饰品"、"附属品"。对于黄玉雪对传统婚姻的质疑，父母给予的答案不能使她认同或满意，因此，之后她更多地依靠自己对性别问题进行自发的思考。

　　尽管黄玉雪受到了一系列中国传统的性别教育，但幸运的是，她并没有全盘接受中国传统女性的性别角色，她通过饮食发现了自己的力量，运用自己的力量对男性权威进行反抗，并积极寻找新的途径以实现自己追求性别间平等对话的目标。黄首次认识到自己的力量是在小学时老师教做黄油的课堂上。看起来不可能完成的事情成功了，黄玉雪对自己潜在的力量充满了信心。后来，正是有了这种信心，当父亲以经济原因为由拒绝资助她上大学时，她质疑了父亲的性别观念并奋发图强自己完成了专科学校的学习。徐颖果认为，黄玉雪并没有通过造反来反抗父亲及其所代表的男权社会，而是通过自己在生活中的成功获得了家庭的认可。同样，当黄玉雪离开唐人街，发现美国社会也同样是"男人的社会"时，她既没有丧失信心，也没有采取激烈的方式进行反击，而是通过不同性别均认同的饮食来实现沟通和交流。在办公室，黄玉雪以自己做的甜饼获得了男性同事的认可，因为她发现食物可以使人放松防御心理，进而为沟通提供了便利条件。饮食成为了一种更和平、更有效的实现性别

　　之间沟通的方式。黄玉雪这种方式也为今天实现性别平等的目标提供了一种参考。

4.2.2 饮食和种族身份

　　心理学家 Kalin 和 Berry 将种族身份分为两部分：一是行为种族身份，即可轻易观察或测量的种族特征的外在表现，如语言、归属群体和饮食偏好；二是象征种族身份，即身份的心理层面，包括个人对种族群体的认知和自豪感。对于黄玉雪来说，尽管她出生在美国，直到自传出版后由政府资助到亚洲演讲才第一次踏上中国的国土，但她不仅从父母那里继承了地道的广东话并终身使用这门语言，而且被父母培养了中国饮食习惯，更在自传中和其他场合多次表达自己是中国人的思想和对中华民族的自豪之情。通过对其自传的观察不难发现，中国饮食在黄玉雪认同中华民族的身份中发挥了重要作用。黄秀玲认为，在美国出生的华裔没有对旧世界的直接回忆，因而他们对旧世界文化的理解来源于父母。黄玉雪的父

母在美国保持中国传统的方式之一就是保持传统的饮食习惯。尽管在美国生活多年，黄玉雪一家坚持中国饮食习惯，只有在不得已的情况下，如大罢工期间无法买到中国食物的情况下才会以美国食物代替。黄玉雪对春节、中秋节等中国传统节日的记忆也伴随着对"荔枝鸡"、"月饼"等中国传统食物的美好回忆以及相关的中国的古老传说。或者说，父母用中国传统饮食在太平洋的另一端为第二代华裔构建了又一个故乡。当年幼的黄玉雪遭受到同龄美国人的歧视时，她将这个"外国人"的行为理解为本性"愚蠢"，天生"冷漠"，证据就是母亲讲过的他们不会像中国人那样剥大蒜的事实。"外国人"这一称呼透露出出生在美国的黄玉雪对中华民族的认同，而且除中国传统节日丰盛的食物、深厚的文化底蕴之外，就连中国简单的烹饪技巧都激发了黄玉雪对中华民族的自豪感。外婆也是黄玉雪了解中国文化的一个途径。对于黄玉雪而言，拜访外婆不仅意味着她可以得到慷慨赠送的零食，也意味着种种来自"故乡中国"的传说和故事。家族的历史以这种口头的形式传递给在美国的黄玉雪，使她能将父母的过去和她在美国的现在顺利连接，实现了家族历史的传承。除对中国传统习俗的了解和对中国古老文化的自豪感之外，对中国传统思想和道德的继承也是黄玉雪认同中华民族的一个重要原因。同样，很多中国传统思想和美德也是通过饮食这一符号传递的。黄玉雪的父亲规定吃饭的时候不准说话，而不吃饭的时候就应该思考，不吃饭不思考的时候就应该睡觉。黄玉雪的父亲恪守儒家慎言的信条，并以餐桌规定的形式向家人灌输。在米尔斯学院就读期间，当黄玉雪犹豫是否同意在主任为音乐家举办的晚会上做中国料理时，父亲便以儒家"以德报德"的信念鼓励她接受这一要求，报答主任对自己的恩惠。而外婆和母亲都分别在教授黄玉雪中国一些烹饪技巧和食物采购技巧的同时向她灌输了中国勤俭节约的传统美德。

4.2.3 食物和中西文化沟通

作为出生在美国的第二代华裔女性，黄玉雪没有像外婆和母亲那样将足迹局限在唐人街，而是与美国主流社会有了更多的接触，因而经常发现自己处于唐人街和美国主流社会的夹缝中。正如林瑛敏在书中所说，"在两个世界之间就像同时踏在两岸上，因而同时属于两个世界"，并且，"当一岸的人想要穿越海湾，两个世界之间的人便必然处于桥梁的位置"。黄玉雪正是处于这种桥梁的位置并努力促进两岸的人进行沟通。作为文化的一部分，饮食再次伴随着她和美国文化的接触、她对两种不同文化的观察和比较以及她成功帮助两种文化中的人们交流。黄玉雪和美国文化的初次接触不能称为愉快的经历。小时候，黄玉雪被父亲买的火鸡吓病了，最后是外婆主持的"驱惊"仪式和中国药茶才治愈了黄玉雪对陌生食物和陌生文化的恐惧。火鸡是美国食物中常见的禽类，而且父亲也向黄玉雪解释了它和中国食物中常见的家禽——鸡的共同之处，但是黄玉雪仍然不能接受这种陌生的食物，只有中国文化和中国食物才能给她安全感。后来，父亲安排黄玉雪学习西方音乐，音乐课前黄玉雪享有特权和二姐在基督教女青年会的厨房吃午饭。与几年前黄玉雪对美国食物的完全抵触态度比较而言，黄玉雪已经开始理解并接受唐人街的西方音乐课和姐姐做的美国菜。这一从中国文化到美国文化的过渡为后来黄玉雪在美国社会的立足奠定了基础。从中文学校毕业后，黄玉雪凭借烹饪技术在几个美国家庭找到了兼职工作并开始了和美国社会的正式接触。黄玉雪观察到了中美家庭在饮食习惯、教育理念和生活方式的差别，开始按照美国家庭的标准衡量自己的家庭梦想。对中美文化之间的比较一直持续到后来在专科学校上学期间。黄玉雪最后认为两种文化没有优劣之分，因此她尽力在两种文化之间保持平衡。对于黄玉雪来说，食物不仅揭示了文化之间的差异，更作为一种媒介帮助不同文化中的人们进行沟通。在米尔斯学院，黄玉雪最先主动接触的是与她饮食习惯类似的亚裔美国人，在主任的鼓励下，黄玉雪首先邀请了亚裔同学和一些对亚裔比较了解的美国同学与她共同享受中国饮食。中国美食强化了亚裔同学群体的归属感，增进了他们对彼此文化的了解，更鼓励黄玉雪进一步扩大自己的交际圈，勇敢地踏入美国社会。同时，中国美食也激发了学院主任的兴趣，她鼓励黄玉雪参加华人不熟悉的音乐会，并以中国美食招待这些西方音乐家。几年前黄玉雪在美国家庭做兼职时，常在厨房里为旁若无人的男宾客们的黄色笑话所尴尬，而这时，她不再是厨房里的毫不起眼的"固定装置"，而是宴会上举足轻重的女主人。中国饮食逐渐给予她信心，而且使她从美国社会的旁观者逐渐成为参与者，平等地与美国社会中其他人进行沟通。

在黄玉雪的带动下,黄家也不再将视线局限在唐人街,不再有意与美国人设立隔阂,而是寻求与他们之间的沟通。黄玉雪的父亲两次宴请美国客人就是这种努力的表现。当黄玉雪以优异的成绩从专科学校毕业,父亲宴请黄玉雪的老师共进午餐时,黄玉雪对父母第一次正面接触美国人感到不安,担心双方会因不了解而导致尴尬。但是她惊喜地发现文化上的差异并不能妨碍双方共同享受中国美食,而且在美食的帮助下,人们有可能超越种族、肤色、文化的差异实现平等和平的交流。当她在征文比赛获奖并成功主持了一艘轮船的下船仪式后,父亲又请全家以及在仪式上帮助他们的美国司机到中国餐馆吃饭以示庆祝。这时,父亲甚至用简单的英语和司机展开了典型的美国对话,询问对方的家庭和宠物,努力增进双方的了解。在这两次成功的交流之后,黄玉雪的父母一改过去限制女儿同美国朋友交往的做法,而是邀请黄玉雪的同事到黄家做客,父亲甚至给黄玉雪的美国同事取了一个中文名字,视金发碧眼的美国姑娘为黄家的一员。食物在双方的沟通和了解中起到了不可低估的作用。

4.2.4 结语

食物是人们生活中基本的要素,并且具有丰富的象征意义。食物和人类的存在、生理需求、欲望、文化背景、历史等休戚相关。饮食保证了人类的生存,将其与外界联系起来。对于黄玉雪来说,饮食在她的身份构建中也发挥着至关重要的作用。作为女性,黄玉雪对性别差异的认知以及对女性身份的接受便是在饮食的帮助下完成的。作为华裔,她对中国历史和传统文化的了解也是通过中国饮食完成的。更重要的是,黄玉雪在饮食的启发和帮助下,为唐人街和美国社会的人们搭建了沟通的桥梁。文学评论家林瑛敏曾注意到尽管华裔作家水仙花终生在其作品中与性别歧视和种族歧视斗争,直至她去世,这场战斗也没有取得胜利。和水仙花以及华裔作家汤亭亭激烈的抗争相比较,黄玉雪则采取更温文婉转,也更有效的方式来解决所有少数族裔都面临的问题。她以食物为媒介,强调的是不同族裔之间的共性而不是差异,鼓励的是双方的交流而不是孤立。她这种促进中西文化间交流的方式值得借鉴。而饮食在黄玉雪性别、种族身份构建以及促进中西文化沟通中的重要作用也解释了黄在自传《华女阿五》中对其着墨颇多的原因。

参考文献：

[1]Kim Elaine H.Asian American Literature：An Introduction to the Writings and Their Social Context[M].Philadelphia：Temple UP，1982.173-213.

[2]吴冰.从异国情调、真实反映到批评、创造——试论中国文化在不同历史时期的华裔美国文学中的反映[J].国外文学，2001，(3)：73-80.

[3]Ling Amy.Between Worlds：Women Writers of Chinese Ancestry [M].New York：Pergamon Press，1990.

[4]Yin Xiao-huang.Chinese American Literature since the 1850s[M].Urbana：University of Illinois Press，2000.140.

[5]黄玉雪.华女阿五[M].张龙海译.南京：译林出版社，2004.

[6]徐颖果.美国华裔的族裔身份与中国文化[J].西北大学学报，2001，31(2)：157-161.

[7]Kalin R，Berry J W.Ethnic and Multicultural Attitudes[A].Berry J W，Laponce J A.Ethnicity and Culture in Canada：The Research Landscape[C].Toronto：University of Toronto Press，1994.293-321.

[8]Snith，Sidonie，Julia Waston，et al.Women Autobiography Theory

[9].Wong，San-ling Cynthia.Imnigrant Aut-biography：Some Questions of Definition and Approach[C].Madison：The University of Wisconsin Press，1998.301.

4.3　美国电影中的反英雄原型

摘要： 美国好莱坞电影中充斥着英雄乃至超级英雄，但也不乏反英雄角色。本文借助原型理论梳理了美国电影《公民凯恩》、《教父》和《死侍》中的反英雄角色，追溯了反英雄形象在《荷马史诗》、《圣经》等经典作品中的来源。

关键词： 美国电影，反英雄，原型，荷马史诗，圣经，莎士比亚，堂吉诃德

近年来，美国电影中越来越多地出现反英雄式的主角。主角从外貌英俊、血统高贵、追求执着、意志坚定、道德高尚的完美英雄转变为和离经叛道，和我们平常观众一样卑微琐碎，有着种种缺点的反英雄，电影反而得到了观众更多的认同。

"反英雄"一词和"英雄"概念相对而生。根据《朗曼20世纪文学指南》的定义，"反英雄否定行为的准则或先前被视为文明社会墓础的社交行为。有些反英雄故意反抗那些行为规范，把现代社会看作是非人的世界，有些则根本无视那些行为准则"。

和传统的英雄形象不同，英雄通常高大英俊、道德高尚、意志坚定，而反英雄则往往有或大或小的道德缺陷，如酗酒、暴力、对婚姻不忠诚等。此外，为了达到自己的目的，反英雄可以采取任何非常规的行为，如打人等。反英雄人物通常具有一些共同特点，如认为社会荒诞，内心感到痛苦，内心世界与客观生活的矛盾引起他们对社会制度或道德的反叛等。

从《飞越疯人院》里的既邪恶又正义的麦克墨菲，到多疑偏执的蝙蝠侠，再到风流成性的死侍，这些或孤独，或悲剧，或不英雄的电影主角们虽然也实施了正义的行为，但并不是为了普世的公平、正义等价值观，而是为自己的利益或想法。

美国电影中最早出现反英雄形象始于二战开始后。战争的残酷，以及对正义、财富等普世价值宣传的反感，一定程度上促进了人们对英雄完美形象的幻灭。早在1941年发行的电影《公民凯恩》中，以报纸业大亨赫斯特为原型的主人公凯恩

狂妄自大，为追求自己的成功不惜以牺牲朋友和家人为代价。当其他电影都在鼓吹美国梦的美好时，凯恩耗费巨额财富也无法购买到他想要的爱和幸福，只能在对美好童年生活的回忆中孤独地死去。

上世纪 70 年代，美国电影行业掀起了一股新的浪潮，后来被称作"新好莱坞"或"美国新浪潮电影"。新生代的电影制片人开始尝试更复杂、更先锋式的电影题材及拍摄技巧。在这股浪潮中，也产生了一个新的概念"反英雄"。反英雄通常在电影中担任主角，但是却缺少以往主角的英雄光环。1972 年美国上映的一部现象级电影《教父》中马龙·白兰度所饰演的教父迈克·柯里昂就是一个经典的反英雄角色。电影一开始，迈克作为家中独子，希望继承父亲的黑帮"事业"。不过为了帮助国家，迈克在二战开始后应征入伍并在海外战场获得一枚奖章。然而，迈克在一次行动中受伤，而他的父亲以及家族黑帮头目暗中操纵，让迈克回了家。回到美国后，迈克的家族接二连三悲剧不断。原本的战争英雄迈克只好决定从大学中退学回家。为了保护他挚爱的家人，他开始从事非法生意，并一步步走向家族黑帮首领的位置。电影中对意大利黑帮家族的勾画不但很少出现枪林弹雨，反而充满各种生活气息，电影里充斥着房间里吵闹的婴儿、热闹的厨房、各种节日庆典等场景。迈克这个反英雄也颠覆了以往黑帮老大的各种冷酷形象，而是柔声细语，关爱弱势群体。

2003 年上映的《加勒比海盗》中的杰克船长以个人魅力吸引了众多观众。杰克船长虽然是海盗，但又是一位有情有义的海盗；说他是正面角色呢，这个狡黠的海盗又时不时用贪婪自私惹怒众人。可以说，杰克船长是很难用传统的正面或反面形象去定义。

2015 年上映的科幻动作电影《死侍》中前任特种兵韦德·威尔逊也是一位反英雄。威尔逊一开始和我们身边所有的普通人一样，被诊断为癌症后走投无路。但是，他自愿加入"X 武器计划"而拥有了超越人类的力量、耐力、速度和自我愈合能力。作为代价，他失去了正常的面貌和精神状态。饱受虐待折磨后他成功逃脱而不断追杀把他变成变种人的阿贾克斯。在这部电影里，可以看到，主角韦德·威尔逊成为死侍后复仇的历程中，对自己的身份认同也发生了变化。先是顾虑恋人会因为自己容貌改变而不爱自己所以隐瞒了自己还活着的消息；而当恋人被阿贾克斯绑架后，为了拯救恋人，为自己复仇，他接受并利用了自己的死侍身份，向 X 战警求助。可以看到，和传统的反英雄一样，死侍也曾经历了旅行(为追杀仇人)、醒悟(对自己的死侍身份认同)、救赎(拯救恋人、为自己复仇)、复仇这样的历程；也同样因为亦邪亦正的身份得到观众(读者)褒贬不一的评价。

根据荣格的观点，文学的本质就在于反映人类的集体潜意识，原型，指存在于人们潜意识中的一些符号或代表，他认为"人生中有多少典型情境，就有多少原型，这些经验由于不断重复而被深深地镂刻在我们的心理结构之中"。他识别了众多原型如英雄原型、母亲原型、阿尼玛原型等。

追溯反英雄人物的历史，我们可以看到早在《荷马史诗》中，奥德修斯就被描述为一个反英雄。按照古希腊神话的传统，故事的主角总是为了公众的安全而向野兽挑战，一举获胜后，回到家乡，受到人们的拥护爱戴。然而，在《荷马史诗》中，我们可以看到，奥德修斯并非人们心目中的英雄那样大公无私，他之所以去攻打野兽，是为了个人的荣誉和财富；他没有高尚的品德，他既不是一位忠诚的丈夫，也不是一位正直的将领；既没有谦虚的品德，也没有感恩的内心。当奥德修斯离开特洛伊时，有三百名船员追随他。他不但不感激冒生命危险追随他的船员，反而讥讽他们，甚至在船员们为自己战死后也没有表示对他们的尊重。他不仅不尊重他的船员，甚至还不尊重神。雅典娜多次帮助奥德修斯，然而奥德修斯一次也没有表示感谢。最终，狂妄自大的奥德修斯受到众神诅咒，被自己的儿子刺死。

在《圣经》中，我们也可以看到反英雄人物的存在，例如亚当、夏娃的第一个儿子该隐。该隐看到上帝更喜欢弟弟亚伯的供物而心生嫉妒，从而杀死了自己的弟弟亚伯，并因此被驱逐。该隐的名字从此与弑亲者划为等号，甚至之后类似的名字都在暗示"反英雄"的角色。

《圣经》中著名的反英雄还包括参孙。参孙拥有神所赐予的力气，曾用一块驴骨头击杀了一千个敌人。但是由于性格倔强，不遵从以色列人的法律和父母的劝告，非要娶非利士人为妻。放纵情欲，被非利士女人大利拉欺骗，将自己神力与头发有关的秘密泄露，而被非利士人抓获，挖掉双眼并关押在神庙中。所幸，参孙最终醒悟，并向上帝忏悔，上帝将其释放，并又赐予他神力。借助神力，参孙最后推翻了神庙，杀死了庙里的所有人，自己也牺牲了。

莎士比亚笔下的李尔王也是一位反英雄主角。他骄横傲慢、反复无常、以自我为中心。喜欢被人奉承，以至于被奸诈的大女儿和二女儿欺骗，而误会了真心爱他却不愿阿谀奉承的小女儿考狄利娅。最终，小女儿带兵进攻，才得以解救被大女儿和二女儿驱赶到荒郊野外的李尔王。但是可悲的是，战乱中，小女儿被杀，李尔王抱着小女儿的尸体，也悲痛而死。同样是莎士比亚笔下的人物，《亨利四世》中的福斯塔夫则与李尔王截然不同。他身为骑士，却没有威风凛凛的盔甲和盖世功夫，只有饕餮一般的胃口和招摇撞骗、打家劫舍的本领。

17世纪西班牙作家塞万提斯笔下的堂吉诃德与莎士比亚所创作的福斯塔夫有过之而无不及。和骑士文学中保护妇孺，为正义和家园而英勇作战的骑士截然不同，堂吉诃德身体羸弱，软弱无能，胆小怕事，还不肯从错误中吸取教训。当"侍从"桑丘被村民攻击时，他没有迎战而上去绅士地保护自己的伙伴，而是落荒而逃。

将经典的反英雄人物分析后，我们可以看到，反英雄可以分为几类：一、有缺陷的英雄，即本质仍是英勇善战、正直善良的英雄，只是在性格、道德等方面有一些瑕疵；二、不遵循世俗价值的非正统荒诞人物，如坑蒙拐骗的福斯塔夫、可笑的堂吉诃德等；三、实用主义者反英雄；在他们眼里没有所谓道德正确与不正确的界限，为了更高的目的，可以牺牲别人的利益甚至生命。

正如Joseph Campbell所观察到英雄必然经历的离开、启蒙、回家的历程一样，反英雄也都经历了旅程、醒悟、救赎、复仇这样的历程。旅程可能是地理意义上的，如奥德修斯、在地上飘荡的该隐和被赶出自己王国的李尔王，也可能是心灵意义上的，如参孙。但反英雄的结局未必相同，奥德修斯被神诅咒，而被自己的儿子刺死；该隐一生流离飘荡，没有居所；参孙虽然死了，但是是为了复仇而死，他的死意义重大；李尔王的悲剧咎由自取，但是他的死是因为小女儿的死亡，令人扼腕。

通过对美国电影中反英雄形象的原型追溯，我们可以看到人性的复杂，而反英雄电影受到观众的欢迎，重要原因恰恰在于反英雄人物的不完美，他们和我们一样也有缺陷，这也提醒观众世俗道德并非非黑即白，而我们普通人也有可能像主角一样逆袭，获得救赎，实现超越。反英雄所经历的醒悟、救赎是人性中共通的内容，反英雄的经历就是我们每一个观众所经历的自我发现、自我救赎的过程。

参考文献：

1. A.C.Ward.Longman Companion to Twentieth Century Literature(3rd Ed).[M]Longman Group Limited，1981.

2. Campbell，Joseph.The Hero with a Thousand Faces.[M]Princeton&Oxford：Princeton University Press，1968.

3. John Fitch III.Archetypes on Screen：Odysseus，St.Paul，Christ and the American Cinematic Hero and Anti-Hero.[J]Journal of Religion and Film，2005.1.(9)1-15.

4. 曾绛.迷失的教徒与堕落的骑士——福斯塔夫身份意义的解读.[J]云梦学刊.2014.7，115-120.

4.4 《冰与火之歌》中女性角色的原型解读

摘要： 《冰与火之歌》是美国作家乔治·雷蒙德·理查德·马丁的一部史诗奇幻小说巨著，后被改编成电影、电视剧，举世闻名。本文借助于荣格原型理论来解读《冰与火之歌》中的女性角色，分析了凯特琳作为慈爱的地母、丹妮莉丝作为善良的地母、瑟曦王后作为毁灭地母、珊莎作为恐怖女神的地母原型，以及艾莉亚作为英雄的原型。通过分析，可以得知，栩栩如生的女性角色是该作品大获成功的重要因素。

关键词： 《冰与火之歌》；女性角色；地母原型；英雄原型

4.4.1 《冰与火之歌》简介

乔治·R·R·马丁的史诗奇幻小说《冰与火之歌》自出版以来，尤其被改编为影视作品后，受到全世界读者的欢迎。《洛杉矶时报》评价该作品为"史上最好的历史奇幻小说之一"；《纽约时报》认为马丁是"故事讲得最好的人"；《华盛顿邮报》也以"生动的布景"、"意想不到的转折"等一系列溢美之词评价该作品。在亚马逊网站上，马丁被评为最受欢迎的前100名作者之一，并且获得了近万条读者点评。《冰与火之歌》作为一部鸿篇巨著，树立了数百名人物形象，其中令人印象颇为深刻的就是性格各异的女性形象。通过对《冰与火之歌》中众多女性角色的分析，可以更好地帮助我们理解这部巨著。

4.4.2 原型理论

"原型"(archetype)一词源自希腊语，由arche(原始)和typo(形式)组成。原型在文学作品中指在不同文学作品中反复出现的稳定的象征、神话或意象等。英国人类学家弗雷泽在1890出版的著作《金枝》中，研究了不同民族的宗教仪式，根据其共同特点，总结了神话和仪式的基本模式，提出神话是仪式活动的产物，而原始民族的一切风俗、信仰等都来源于巫术。瑞士心理学家卡尔·荣格在1912年出版了《无意识心理学研究》，开创了心理学无意识研究的新方向。他在弗洛伊德的"潜意识"概念基础上提出了"集体潜意识"的概念，并认为文学的本质就在于表现人类的集体潜意识。而原型，指存在于人们潜意识中的一些符号或代表，他认为"人生中有多少典型情境，就有多少原型，这些经验由于不断重复而被深深地镂刻在我们的心理结构之中"。他识别了众多原型如英雄原型、母亲原型、阿尼玛原型等。加拿大学者诺斯洛普·弗莱(NorthropFrye，1912-1991)受到荣格的启发，认为文学就是神话的表现，是神话的再现。20世纪50年代，弗莱出版了《批评的剖析》，正式提出并系统阐释了"原型批评"的概念，开启了文学批评的原型批评新道路。

在《冰与火之歌》中也出现了大量的意象，如吉拉尔的"替罪羊"原型；布兰的"先知"原型等。《冰与火之歌》中众多女性角色也反映了不同的原型。

4.4.3 作为地母的女性角色

地母崇拜是世界不同民族都有的一种原始信仰。在希腊神话中，盖亚，大地之神，作为众神的母亲，是所有神中出现最早的，也是地位最为显赫的神，所有神都是她的子孙后代。她手持生命之瓶，在地上播种万物之种，并以生命之泉进行浇灌，才有了世间的一切生命。而在中国远古神话中，女娲"拎黄土为人"，创造了人类，是我们中华民族的母亲。在希腊神话和中国神话中，盖娅和女娲作为地母，分别繁衍人类，并为人类供给食物，直接决定了人类的生存与否。这也是地母最重要的特点。

值得注意的是，与大部分文学作品中一个核心女性角色象征地母多个特点不同，《冰与火之歌》中不同女性角色分别展示了地母的不同特点。

(一) 慈爱的地母—凯特琳

凯特琳·徒利(Catelyn Tully)是临冬城夫人，艾德·史塔克公爵的妻子。她有五个孩子，并且深爱着他们。在史塔克家族经历了一系列的袭击后，她所有的决定都围绕着如何拯救自己的孩子而考量。她是一位慈爱的母亲，她曾帮助儿子领导叛乱，为帮助儿子而奔走于部落间，当三个孩子面临死亡威胁时，勇敢地决定要抓住提利昂；为换回被扣押的女儿偷偷放走了人质，甚至为此付出了生命的代价。在《冰与火之歌》中，她是为孩子做出一切奉献和牺牲的慈爱的母亲。

(二) 善良的地母—丹妮莉丝

确切地说，丹妮莉丝并非一位真正的母亲。从头至尾，她没有生育过孩子。但是在她身上，我们可以看到母性，可以看到地母强大的生命力、善良、包容和强大。一开始出场时，13岁孤独无助的小公主丹妮莉丝因流放至完全陌生的文化环境中而迅速成长。她不断提醒自己坦格利安贵族血统，以此来激励自己，并且也确实战胜了很多恐惧。她在得知自己必须要嫁给野蛮民族的首领时，她惊慌失措，但是在她接受了她的结婚礼物一匹白马后，局面发生了变化。作为部落首领的妻子，她认识到了自己的权力，便不再为自己担忧，而是运用权力去行驶善良的力量。她阻止了多斯拉克男性对几名妇女的强奸，而为了避免她们再受伤害，收她们为奴，如同母亲一样保护了这几位妇女。她还攻打奴隶湾，解放了成千上万的奴隶，给奴隶们带来自由。

女巫曾预言丹妮莉丝是"龙之母"，并且"命中注定，你将燃起三团火焰，……一团为生，一团为死，一团至爱……"。果然，如预言所说，丹妮莉丝从

灰烬中孵化出了龙蛋，而她自己从灰烬中涅槃，也体现出地母般无比强大的生命力。

(三) 权力与毁灭—瑟曦王后

在希腊神话中，地母盖亚创造了天空之神乌拉诺斯。乌拉诺斯主宰着整个天空，将自己和盖亚的孩子们束缚在大地中。盖亚不堪忍受，教唆她和乌拉诺斯的儿子们十二泰坦来反抗他们的父亲，她的儿子乌拉诺斯。最后，最小的儿子帮助盖亚推翻了乌拉诺斯的统治，盖亚亲手毁灭了她所创作的第一个神。

瑟曦王后是《冰与火之歌》中的女性角色中权力欲望的最明显的代表。她为了权力不择手段，先是凭着君临城地下的"野火"，一举取得战争的胜利，又设计除掉了碍眼的儿媳妇。这样，在儿子殉情后，她顺理成章地当上了女王。在她的眼里，儿子、儿媳妇都没有女王地位重要，就如同希腊神话中的盖亚一样，毁灭了自己的儿子。

(四) 恐怖与复仇——珊莎

和瑟曦王后同样令人恐怖的是史塔克家族的长女珊莎。珊莎颠沛流离，受尽侮辱，但是她没有像善良的地母一样包容一切，恰恰相反，她所表现出的，是地母的负面象征——恐怖女神。她貌似柔弱，但是在摆脱厄运之后，却利用男性的弱点，设下圈套，亲眼看着曾小剥皮被自己的饿狗撕碎。"凡是想要操纵和伤害她的男人，最终恐怕都会被狗吃掉。"这正是令人不寒而栗的恐怖女神，"从一个受人崇拜的女始祖与保护神，变成一个最残忍恶毒的妖怪和一个恶母(包括大地母亲的否定方面)：恶妇、女巫、海妖、妖姬——与之相联系的是，恐惧、危险、黑暗、肢解、阉割、死亡，无意识中令人恐怖的方面"。

4.4.4 作为英雄的女性角色—艾莉亚

在传统意义上，文学作品中的英雄原型多为男性角色。希腊神话中解救了普

99

罗米修斯的赫拉克勒斯、特洛伊战争中贡献了木马计并刺瞎独目巨人的奥德修斯、指导了许多英雄的半人马喀戎、历经险阻拿回金羊毛的伊阿宋，都是男性角色。希腊神话中能够被冠以女英雄的人物并不多，有亚马逊部落的女王希波吕忒、曾发誓永不结婚的狩猎高手阿塔兰忒等。不得不说，女英雄的故事在希腊神话中熠熠生辉。

而艾莉亚在《冰与火之歌》中也是一个同样特别的女性角色。和以美貌闻名的姐姐珊莎不同，艾莉亚较少表现出女性柔美的一面。她更擅长计算和骑马等传统观点中的男孩项目，甚至会被别人叫做"男孩"。艾莉亚的的性别似乎介于男女之间。当然，她认同自己的女性性别，每当被别人误称"男孩"时，她都会更正对方。而且，一旦得知可以继续追求自己的梦想，她也不再强求扮装男孩。但是，在《冰与火之歌》中，艾莉亚重新定义了女性的身份。这从她的佩剑"针"上可以看得出。她以女性常用的工具来给自己的剑命名，以此来证明自己值得拥有这件本属于男性的武器。另外，福瑞尔在教艾莉亚舞剑时，不仅把应传授给男孩的技巧毫无保留地教授给了艾莉亚，把艾莉亚错喊成男孩而又更正后，他说"你是一把剑，就这样"。舞剑时，艾莉亚的性别是男是女并不重要。可以说，艾莉亚颠覆了传统男女角色，她的身份，重要的不是性别，而是她的事迹。她是《冰与火之歌》中当之无愧的英雄。可以说，艾莉亚的形象是对文学传统的英雄角色的一次革新。

4.4.5 结语

《冰与火之歌》颠覆了传统的历史奇幻小说，塑造了凯特琳、丹妮莉丝、珊莎、艾莉亚等一众栩栩如生的女性角色。她们为读者展示了丰富多彩的女性形象，是该作品中熠熠生辉的的亮点，是作品获得成功的重要因素。

参考文献

[1]乔治•R.R.马丁.冰与火之歌系列新版全集[M]重庆：重庆出版社，2018.

[2]威尔弗雷德 L 古尔灵.文学批评方法手册[M].沈阳：春风文艺出版社，1988.

[3]刘莹华.《冰与火之歌》中的神话原型分析[D].西安：陕西师范大学，2016.